# 住まい悠久

〝人生100年時代〟に捧ぐ

本多信博

プラチナ出版

# 沈黙の春

株式会社リブラン創業者
推薦人代表　鈴木　静雄

「住まい悠久」出版おめでとうございます。

ある日曜の朝、窓を開けると小鳥の囀ずりがしない、姿が見えない。いつも朝から聞こえる子どもたちの声が聞こえない、姿がない、人がいない。

海洋学者レイチェルカーソンの人類への警告「沈黙の春」の書き出しに附加しました。

170年前、ナイチンゲールは病、疫病（コロナなど）の原因の半分は環境、住環境が原因だと著書「看護覚書」にこう訴えています。

疫病撲滅に医療と平行して医師が住環境整備をして克服してきました。

日本でも100年前、生まれた子どもが半分は死んでしまう岩手県沢内村で、医療だけでは解決できないと医師が住環境改善をして克服した歴史があります。

今子どもたちや家族が病院でも原因がわからない病に侵されています。小学校一クラスの半分の子どもたちが何らかの病に侵されています。

その原因の半分は戦後、住宅供給を急ぎ過ぎ、日本の住まい文化を破壊した人工的・画一的な住宅、分譲・賃貸マンション（地域から隔絶され基本的人権もない）にあります。

この住宅に住原病が蔓延し、子どもや家族の体や心を破壊しています。

この汚染された日本列島は、住まいと人間の因果を掴むことなく、思想なく、景気産業として突き進んだ国の住宅政策の誤りと、追随した不動産・住宅産業が犯した犯罪でもあります。

コロナショックを契機に我々業界、国は不動産住宅産業の本質を掴み、住生活基本法の序文に掲げた理念を更に掘り下げ、政策に反映する時です。

今こそ「居住福祉（幸福）基本法」に転換すべき時がきました。

人生１００年時代、人間・家族の幸福実現には医療の前に、人間・子どもたちの心と体を左右する住環境の整備が肝心です。

リブランの社是は「人々は幸福を求めている、幸福は人々の心にある、心は良い住まいと街作りから」とあります。

この時期に本多さんがタイムリーな著書「住まい悠久」を出版されたことに敬意を表し、リブラン取引先１０００社に贈呈して読んでいただきます。また下村代議士他７人の方々からも推薦をいただきました、お礼申し上げます。この著書が全国の業界関連、また沢山の方々に読まれることを切に期待します。

# 相関関係にある居住環境と幸福度

自由民主党選挙対策委員長
衆議院議員　下村 博文

本書の「はじめに」でも指摘されていますが、日本が直面している最重要課題は高齢化です。我が国の65歳以上の人口の割合は、１９５０年は総人口の５％以下でしたが、１９７０年に７％、１９９４年に14％を超え、２０１７年時点で27・７％に達しています。さらに今後も高齢化率は上昇を続け、２０３６年には33・３％に達し、３人に１人が65歳以上になると推計されています。

こうした状況下で持続可能な社会であり続けるためには、生活の基盤となる居住環境の見直しが必要です。これは先見の明がある故早川和男先生が１９９７年にまとめた『居住福祉』（岩波書店）の中で「適切な居住が幸せを導く」と強調されていたことが、今まさに重要課題になっています。

政府も２０２５年を目処に、重度な要介護状態となっても住み慣れた地域で自分らしい暮らしを人生の最後まで全うできるよう、医療・介護・予防・住まい・生活支援が包括的に確保される体制（地域包括ケアシステム）の実現に向けて取り組んでいます。

現在、要介護状態にある高齢者の約8割が在宅です。今後も、高齢者の方々が引き続き安心して自宅に住み続けられるような取り組みが必要です。

具体的には、要介護時の対応をあらかじめ想定し、住宅のプランニングに組み込んでおき、高齢者の健康状態に応じて、改修を通じて対応できる住宅づくりを促進するなど、住み慣れた地域で住み続けられる居住環境づくりを図る必要があります。

さらに、前述の早川氏が提唱したのと同様に、本書も居住環境と幸福度は相関関係にあると指摘されています。2018年に、私は自民党の中に「日本Wel-being計画 - 推進プロジェクトチーム」を立ち上げ、日本の幸福度を高めるために何が必要なのかを多面的視点から議論してきました。その中で、自宅に住み続け町会や地域活動に携わっている方々は幸福度が高く、健康寿命も長いということがわかりました。

本書が指摘しているとおり、居住環境を見直すことで、高齢化社会の我が国の幸福度を高め、持続可能な社会を実現することが重要です。

# 悠久の時間の中に輝く住まいと人を目指して

元国土交通事務次官　毛利 信二

『本多信博氏のペンには魂が宿る』そう昔から感じていましたが、本書でそれがさらに冴えわたっているのは、本多氏自身が、本書の中で言う「感性と直感を磨くため、物事を突き詰めて考える論理的思考の鍛錬」を怠らなかったからに違いありません。

「人間が人間に関心を抱かなくなった」と彼は嘆いています。その結果、住宅・不動産業界はハードの提供に、行政は制度整備に終始し、常に対症療法的、社会を根底から変えることもできないと手厳しい。そもそも住まいとは「生活の基盤＝住む人の意識そのもの」で、それを変えなければ高齢者や家族を大切にし、時間とともに住まいの価値が増大する社会には変わらないと言います。何となれば「社会は人々の意識でできている」し、住まいは悠久の時間を纏うことで初めて住む人に「真の安らぎをもたらし、「ふうあい」も生まれる」と。彼は、さらに、住まいとは人格の表出、心の織り成す空間、幸福の原点でもあると述べ、哲学的な思考に入り込んでいきます。幸福は、多くの歴史上の思想家がそうであったように、彼にとっても至高の善なのでしょう。しかし、彼のペンは再び現実の世界に舞い戻り、幸福と住まいを現に一体的に追求している人々が身近にいるとし、何より、住宅・不動産業界もさらに変わらなければ、と具体的に迫ります。そこに、彼の限りない愛情が伺えるようです。

「永遠」とは個人が夢見る時間の流れに過ぎず、「悠久」は社会とともに流れていく果てしない時間ではないか。そこに、本書のタイトルを「住まい悠久」とした本多氏の思いを感じます。

彼に一つ聞いてみたい、「病床六尺」を書いた子規にとって住まいとは何だったのかと。彼は言うでしょう、六尺よりもさらに狭い17文字を通じて遠大な空間と悠久の時間の中に子規も力強く生きたに違いないと。彼はそういう見方をする限りなく温かい男です。

本書は、住宅・不動産業界にいる方々や行政はもとより、およそ住宅を求め、あるいは既に住んでいる方々すべてに示唆に富んでおり、ご一読をお勧め致します。

# 不動産業の社会での介在価値を考える

（公社）全国宅地建物取引業協会連合会
不動産総合研究所　岡﨑 卓也

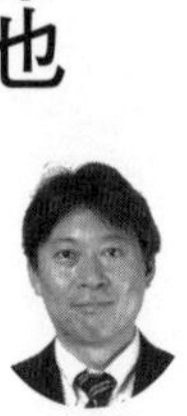

日本は人口減少の時代に入り、空き家数も増加することから、何もしなければ地価は右下がりになっていきます。そうなると不動産業者は、下がるとわかっているものを何千万もする価格で売るのか？　ということが問われます。

この本でも紹介された日本大学の清水教授は、「不動産を投資財と捉える人にとっては価格の下落は不幸をもたらすが、家は家族の幸せを育み、思い出を刻む場所と捉える人にとっては価格が下がるかどうかはまったく関係ない。消費者が幸せの家に出会い、幸せの家に住み続けられるための住宅サービスの最大化を実践することが、不動産のプロとしての普遍的な介在価値になる」と述べています。

そのために不動産業者は何を実践していけばいいのでしょうか？　ＬＩＦＵＬＬ ＨＯＭＥ'Ｓ総研の島原氏は、これからの住宅産業は「いいハコを供給し流通させるだけの産業に甘んじるのではなく、そこに住む人の主体性をどう育てていくのかという視点を加えることで、住む人の幸福度をもっと高める産業になれる」と述べています。

リノベーションや借主によるＤＩＹの動きは、住まい手の主体性の発露に他なりません。その主体性を育てるために、不動産業者は両者の間に入り、お互いの理解を促進する触媒の役割を果たすことが必要になります。その結果、大家と借主がフラットな関係になり、借主の主体性を容認することで、その場にコミュニティが生まれ、それが物件や地域の価値に繋がっていきます。

従来の不動産業者は、広告宣伝をして購入客や借主を見つけ、収益を最大化するために、顧客の手離れを早くして、いかに回転数を上げるかを重視してきました。しかしこれからは、顧客としっかりと向き合い、取引後も関係性を継続し、さらに物件のコミュニティの形成を後押しするような、手間をかけて顧客価値を高めることで収益を上げるという事業モデルに切り替えていかなくてはなりません。

すべての不動産業者は、社会における介在価値について考え、自らの仕事を見直し、再構築すべきだということを、改めてこの本から学ぶべきだと思います。

# 「住まい悠久　～〝人生100年時代〟に捧ぐ～」を読んで

北澤商事株式会社　代表取締役会長
一般社団法人不動産女性塾　塾長
北澤　艶子

本多信博様、出版おめでとうございます。

本多様は、平成27年、『一途に生きる！』という題名で、私のことを書いた本を出版してくださいました。私の不動産業に対する熱い思い、そして地域・家族・子どもに支えられた私の姿を赤裸々に書いた本です。終章に年表として住宅・不動産業・一般社会の動きを年代ごとに表として書いてありますので、時代の流れがわかります不動産業者の教則本だと思いました。

昨年は、『百歳住宅～認知症にならない暮らし方』という本も出版されました。私は、1000冊買わせていただき、皆様にお配り致しました。

なぜならば、住宅のあり方を提案していることは勿論ですが、人生100年時代に向けて、最期まで健康でいられることが万人の望みですが、発症原因がまだ良くわかっていない『認知症』について書いてあります。『本多様はお医者様かしら？』と思うほど、医学的にも詳しく書いてありますので、私のお客様も高齢者の方が増えておりますので、皆様にお配り致しましたが、大変喜ばれました。

今回の「住まい悠久～〝人生100年時代〟に捧ぐ～」を読ませていただき、本多様は〝幸せとは何か？〟と幸福論を訴えておられると思い、感動致しました。

住宅新報の令和2年4月7日号の本多様の文章で、想定外の新型コロナウィルスの問題で、世界中が右往左往しておりますが、想定外とは、『見方を変えれば起こり得ること』と解釈され、『危機管理』とは、人間として謙虚になることだと思う、とも書いてあります。住まいについては、『人間にとって最も基本的な空間であり、心が癒される、安らぐ空間でなければならない』と書いてあります。素晴らしいと思いますと共に、共鳴致しました。本多様は心の優しい方ですので、この様に感動を与える本が書けるのだと思いました。

出版、心からお慶び申し上げます。

# 「住まい悠久」出版おめでとうございます。

住宅産業塾塾長　長井 克之

内容は素晴らしく我が意を得たりです。同志ができワクワクしています。
日本を変えるには住宅及び住環境を変えねばならないのです。
「住宅は生命を担保にして求められる家族の幸福の城」でなければならないという視点から、30年前に住宅産業塾を起こし、お客様に感動を与える住宅（CS住宅）を建てようと呼び掛けてきました。その運動の中で、どこよりも「品質や現場きれいさ」に気を使った家づくりをしてきたつもりが、20年前に「住宅が住む人を病気にする」という本当にショッキングな事実を知った時は青天の霹靂というかビックリそのものでした。そこから病気になる家と、元気になる家の意味がわかり、徹底的に研究しました。実際の家づくりでのお客様の反応・現象、いろいろな資料の収集と分析に多くの時間をかけました。そのことから4つの病気になる原因とその解決策がわかりました。

① 温熱環境が悪い。（温熱環境を良くする）

② 使用している建築資材が悪い（適正材料を使う）
③ 空気質環境が悪く、酸化ストレス空間になっている（抗酸化技術を使用する）
④ 設計が悪い。敷地環境や周辺環境、光の道・風の道などを反映しない、また家族のふれあいを重要視しない適当設計（健康快適設計をする）です。

病気になる食・住生活をして、病気になり、治療を受ける。そのためにリスク管理として保険をかける。個人も困り、国は大きな負担を背負い込む。こんな馬鹿げたことはありません。また病気でなくても未病・不健康な状態では、人生幸せではありません。

日本の住宅も、住宅業界も、箱の時代から、「人間が住まう暮らしの家」の時代に変換することが求められています。単に構造が良いとか、デザインが良いとか、設備・性能が良いとかの段階から、もうワンステップ、バージョンを上げたものになる必要があります。住む人間にとって環境にも対応した暮らしやすい優しい住宅でなければなりません。

今、建築、医学、生物学、材料学、心理学、色彩学などの総合的解決策研究の取り組みが必要となっています。

# 「住まい悠久 ～〝人生100年時代〟に捧ぐ～」を読んで

大里綜合管理株式会社　代表取締役会長
一般社団法人不動産女性塾　副塾長
野老　真理子

不動産建築業界で、30年以上にわたり取材、編集、評論をされてきた本多信博氏の深い洞察で書き上げられた本書「住まい悠久」を拝読し、千葉県九十九里地域という『地方』で、この業界の一端を担ってきた一人として「そうだそうだ！」と頷いたり、一石を投げられたり、と考えることがたくさんありました。その一文一文を元に、我が社のスタッフや仲間たちと改めて読み合わせしながら、これからの仕事に役立てたいと強く思いました。

「明日は1億5000万の仲介なの！」都心で不動産業を営む友人たちが当たり前にそのような会話を交わしている傍らで、ふと我が街の『今』を考えます。

千葉県九十九里地域では、50坪で100万円にも満たない、売るに売れない土地が「負動産」「腐動産」と報道され、同じ不動産業でもこんなにも格差があるということを肌で感じています。

しかし！　私たちは知っています。

目の高さに空がある。果てしなく広がる田んぼや畑。人々が気軽に挨拶し合い、食べるものを買うことなく、自ら作り分け合うことができる。

そんな魅力であふれるこの地域の暮らしは、決して「貨幣換算では評価できない」ということを。

人生100年時代といわれる中で、人口減少をはじめ、少子化、高齢化、温暖化、過疎化などの社会問題を起こしてきた一端は「住まい」にある。だからこそ、それらを解決していくために「住まい」を担う一人として、経済性を優先することで蔑ろにされてきた「女性」「木の家」「社会貢献」「一人で住まない」「楽しむ」「幸せ」など、本書にちりばめられたキーワードを胸に、具体的にできることを一つ一つ積み上げていこうと思っています。

心底知らせていくのは「私たち」であると改めて確信しました。

# 「住まい悠久」推薦文

株式会社ドムスデザイン代表取締役・一級建築士　戸倉　蓉子

「住まい悠久・人生100年時代に捧ぐ」ご出版おめでとうございます。著者の本多信博氏は長年にわたり、住宅・不動産業界を取材され日本における「住まい」の変遷を見て来られました。この本は豊富な取材経験を基に、長生き時代の住宅とは何かを考えさせられるものであります。

日本住宅公団が誕生した昭和30年の日本人の平均寿命は、男性63・6歳、女性67・7歳でした。平成30年は男性81・2歳、女性87・3歳。この63年間で20歳近く延びました。衣食住環境・医療の発達によりかつては「死ぬ病」も現代では「治る病」となり私達は長生きできるようになりました。

そうなると今度はいかに生きるか「質」が大切になります。

質の良い人生の中でまず第一に大切なのは健康です。健康をつくるも害するも実は住宅にあるということを忘れてはなりません。

本書では生涯健康脳住宅研究所の取組みが紹介されており、認知症予防に住宅と脳の関係を研究されているのは大変興味深いことです。

二番目に大切なのは自己肯定だと思います。自分の価値を自分で認められるということです。昔は家族のために三度の食事をつくり、子育てに明け暮れ自分の存在価値など実感できずに生涯を終えた女性がたくさんいました。しかし今は社会に出て活躍できる時代になりました。それが良い家造りの基本にもなっています。本書では女性が不動産業界で活躍するための不動産女性塾の取組みを紹介しています。

三番目に大切なのは貢献だと思います。家族、お客様、社員、地域、社会のために生きることです。家を造る側の資質もそこを問われます。自己中心のアメリカ型資本主義でなく昔から日本にあった三方良しの考え方に基づく公益資本主義にシフトする。本書では株式会社リブランの取組みが紹介されています。

その他多くの事例が紹介されています。長い人生を寝たきりにならず最期まで自分らしく生きること。そのために住宅は自己実現の場とならなくてはならない。

輝かしい人生をプレゼントしてくれる一冊です。

# はじめに

〝人生100年〟という言葉が頻繁に使われるようになりました。ただ、この言葉、祝う気持ちと戸惑う気持ちが半々のような気がします。「あなたは100歳まで生きたいですか」と聞かれたら、「そんなに長生きはしたくないよ」という人も多いのではないでしょうか。

でも、2017年に亡くなった聖路加国際病院（東京・築地）の日野原重明先生のように105歳まで医師としての仕事を続けることができた人生は素晴らしいと思いますし、憧れもします。結局、人間が幸福かどうかは年齢などとは関係なく、どんな生き方をするかに掛かっているのだと思います。

安倍晋三首相は政治の最重要課題は「急速に進む少子高齢化問題」だと言明しています。その「少子高齢化問題」にはさまざまな側面がありますが、「長くなった老後をどう生きたらいいのか」という問題は、世界トップの長寿国である日本が挑むべき大きなテーマとなっています。

仮に、現役を退いたあとの老後が20年あるとすると、それはとてつもなく長い時間です。生まれてから成人になるまでの期間と同じですから、少年期、青年期よりも長い。ただ、少年期や青年期と違い、体はどんどん衰えていきます。認知症にならない限り、脳以外の肉体が確実に衰えていく自分を明確に意識しながらの人生が20年も続きます。そこにはそれまでの人生とは違う価値観（人生観）が必要になります。死と向き合い、死とはなにかを考えざるを得ないのが「老後」ともいえるでしょう。

ただし、そこが暗く淋しいものとは限りません。日本は世界に先駆けて人類未踏の領域を開拓していくことになります。〝人生１００年時代〟を生きる心の術（すべ）が求められているのです。本書はそのあたりのことを「住まいはどうあるべきなのか」という視点とともに考えていきます。なぜなら、長い人生のよき伴侶となるのが、長い時間をともに過ごす「住まい」だからです。今こそ、住まいのつくり手と住み手（ユーザー）との垣根を越えて、住まいとはなにか、幸福とはなにかについての議論を始めようではありませんか。

# 目次

# 第1章 〝人生100年時代〟の光と影

## 第2章

# 住宅業界が求め始めた『幸福論』

# 第3章 社会を変える新しい価値観

# 第4章

# 国民が迫る「不動産業大変革」

## 第5章

# 長寿に挑む『住まい革命』

# 第6章 幸福は生きること、そのこと

第7章

# 幸福論で考える終の棲家

～住む人の、住む人による、住む人のための住まい～



題字　白石雪妃
装丁・本文デザイン　吉村朋子
DTP　トゥエンティフォー
図表　川田あきひこ

# 第1章

# 〝人生100年時代〟の光と影

# 老後ではなく、〝最後の直線〟

人生が100年だとすれば、25年ずつ4つに区切るのがわかりやすい。生まれてから25歳までが「初動期」、26―50歳が「本格稼働期」、51―75歳が「収穫期」、76―100歳が人生のゴールが見える「最後の直線」である。

この中で最もエキサイティングなのが、競馬でいえば第4コーナーを回ったあとの直線コースである。競馬ファンならずとも観衆も騎手も、そして走る馬もゴールが見える最後の直線が最も興奮するし、面白い。それなのに、日本ではこの区間を〝余生〟といって、付け足しのように考えている。

その理由は明白だ。日本ではなぜか、〝老いる〟ということの意味を大切なものとして社会が認めてこなかったからである。人は誰でも老いるのに、老いることを人間としての価値が減じていくこと、社会的に不要になること、汚らしいものとしてしか扱ってこなかった。今の高齢者も若いときにはきっとそうだったにちがいない。

ではなぜ、老いることが大切なものとして社会に受け入れられなくなったのだろうか。その最も大きな背景が〝核家族〟なるものの登場と、急速な一般化である。人間が老いていく意味は、人間関係の中でも最も身近で、深い情愛で紡がれる〝家族という歴史〟の中でこそ光り輝くものだからである。

## 時代的役割終えた核家族

ところが、核家族社会では親と子が一緒に暮らす期間は20～30年ほど。その後は、子はそれぞれの新たな家庭を築き、子育てを終えた夫婦は取り残されたような暮らしの中で老いていく。これでは社会の根底をなす家族（家庭）が文字どおり、核分裂を繰り返しているようなもの。社会の土台という強固な基盤にはとうてい成り得ない。親から子へ、子から孫へと脈脈と受け継がれるその家の生活流儀なるものがあってこそ、子や孫がまっとうな人間に育つことができる。祖父母は家の流儀が受け継がれていく見届け役でもある。

高齢者から居場所を奪う「核家族社会」はすでにその時代的役割を終えている

核家族社会はかつては、高度経済成長時代の基盤となったが、もはやその時代的役割を終えている。そればかりか、高齢者からその最もふさわしい居場所を奪っているのだ。

子や孫と同居することに対し、「子どもには世話をかけたくない」と親は言うが、高齢者がひとりで暮らせば、いずれは人の世話、社会の世話になる。人間、生きても死んでも誰かの世話になることに変わりはないのだ。

だから、人生のゴールが見え始める〝最後の直線〟に入ったら、誰に臆することもなくそれまでの人生のすべてをかけて、自ら光り輝きながら、「死」という最後のテープに向かって飛び込んでいけばいいのである。

## 国家存亡の危機〝単身社会〟

それにしても、今では核家族「夫婦＋子」世帯（全世帯の24％）よりも、単身世帯（同33％）のほうが多くなったということは、どういうことだろうか。結婚して家庭を持ち、子どもを産み育てることが人間の幸せという伝統的価値観がすでに崩壊し始めたというのなら、国家存亡の危機である。家庭や家族を持つことに冷淡で、無関心な人間が増えているのだとしたら、それは人口減少以前に住宅業界にとっては深刻な事態ではないだろうか。なぜなら、それは住まいのあり方と存在価値を根本的にくつがえしかねないからである。

家庭や家族を持つことに、それほどの幸せを感じない新たな世代が登場しつつあるのだとしたら、その原因や背景にまで踏み込まなければ、日本民族は本当に

図1−1　世帯類型別世帯数の推移

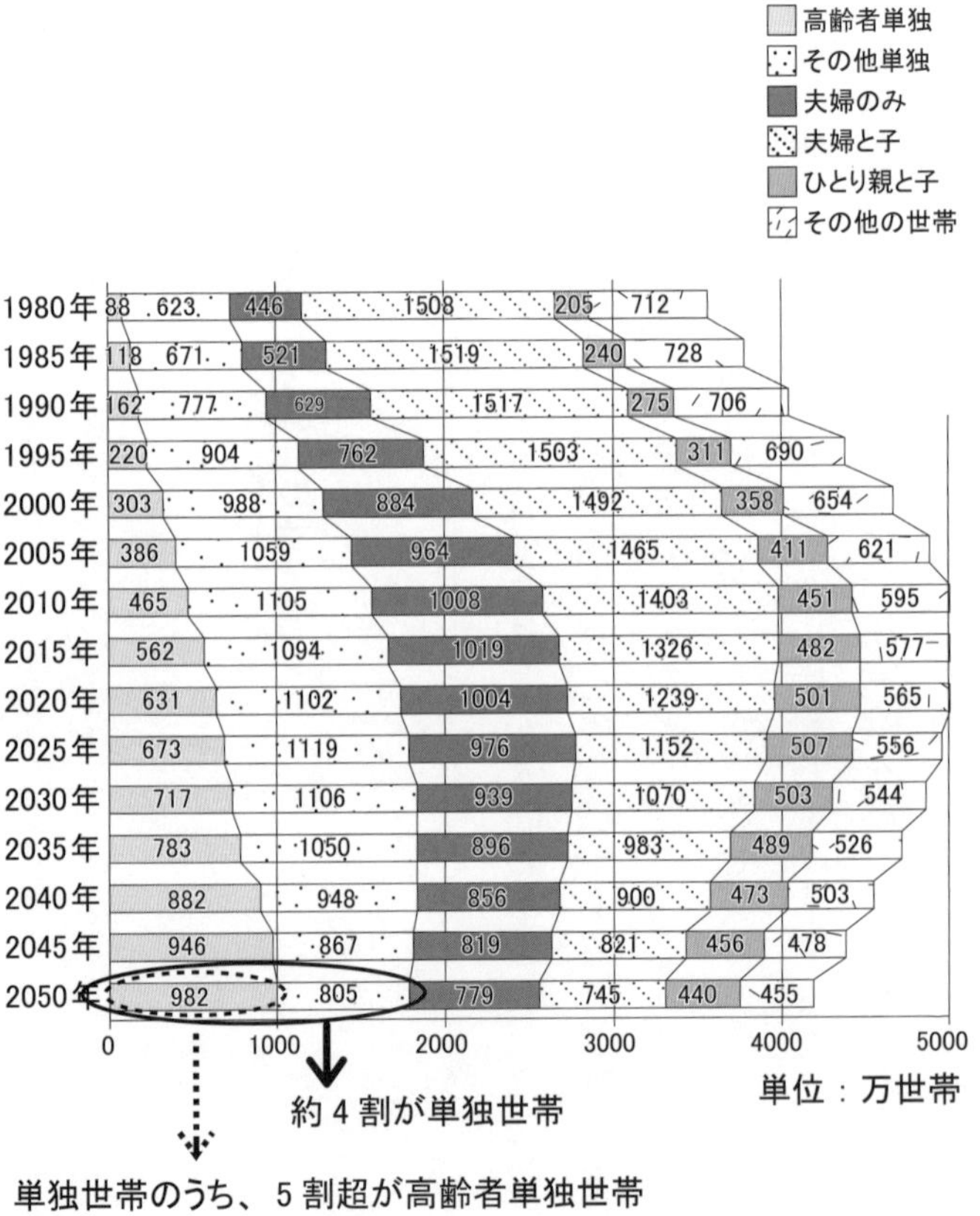


出典：総務省「国勢調査報告」、国立社会保障・人口問題研究所「日本の世帯数の将来推計（平成21年12月推計）」をもとに、国土交通省国土計画局作成

半永久的に人口減少を続けていくことになるのではないか。

人間が人間に関心を持ち得なくなりつつあることが、戦後の日本社会の一つの流れであるように思う。たとえば、家をつくっている人がそこに住む人のことをどの程度考えているかというと、注文住宅、建て売り住宅、マンションといった順で微妙に温度差があるように思う。投資家向けのワンルームマンションやアパートに至っては、オーナーになる人のことは考えているとしても、その部屋を利用する人のことをどの程度思い浮かべているのか、微妙である。

## 薄れゆく〝人への関心〟

施主とつくり手が一番近いといわれる注文住宅にしても、一流建築家の中には施主のためではなく自分の技巧や芸術性を磨くために仕事をする人も多いと聞く。

要するに、住宅に限ったことではなく、戦後の日本社会は、さまざまな仕事が人と人をつなぐためのものから、自分の欲求を満たすためだけのものに変貌してきたともいえるのではないか。煎じ詰めれば、そのことが人に対する関心が薄い、今日の味気ない〝単身社会〟を生み出してしまったようにも思う。

では、どうすればいいのか。住宅はなんといっても人の生活の中心にある。その住宅を生産している住宅・不動産業界だからこそ、できることはなにか。改革すべきは、住宅のつくり手が住まい手の〝想い〟に密着することである。「子どもとの時間を大切にしようと考えている夫婦なら、こんな間取りの家に魅力を感じるのではないか」、あるいは「男性社会の軋轢につぶされそうになっている若い独身女性を救うために住まいにはなにが必要だろうか」などと考えることである。

そうした純朴な思いからスタートする住まいづくり、それがハードの工夫にとどまらず、そこに住む人間の内面にまで踏み込んだ〝気配〟の設計にまで及ぶようになれば、家づくりという仕事は、人間性豊かな社会の再構築に貢献できるはずである。

## 神秘なる家づくりという仕事

家はハードを提供しつつも、目に見えるハードの力というのは限定的で、実は目には見えない〝気配〟を生み出すところにこそ、家づくりの大切な真髄があると思う。

家のつくり手は、気配の設計に挑むべきである。改めて住まいとは何かと考えてみる。まず生活の拠点となる立地、間取り、機能・性能がある。そのうえで、「住み心地」や「住み応え」といったソフトの部分がある。そして、さらにその上位には家をつくる側と住む側との共鳴（共同作業）のようなものがなければ、家づくりという作業が終了したことにはならないという思いがする。

「仏つくって、魂入れず」ではないが、新築の住まいというものが単に真っ白なキャンパスでしかないとしたら、量産された工芸品を買う程度の感動しかもたらさないのではないか。住み始めたその日から、その人の手に馴染み、愛しさが生まれ、住み手とともに息をし始めるような家づくりこそ、現代社会が求めている本物の〝仕事〟なのだと思う。

経済規模は世界第3位の日本だが、国連の「世界幸福度ランキング」は156カ国中58位（2019年）である。その要因が家族と住まいと地域（コミュニティ）のあり方に関係していることはほぼ間違いないだろう。日本人の多くがそれを実感している。にもかかわらず、改善への動きが見られないのは不可思議というしかない。

## 住まいが変われば、社会が変わる

住まいのあり方を変えれば、社会を変えることができる。なぜなら、住まいは人間生活の基盤だからである。ただし、住まいを「ハード」だけではなく、「ソフト」の面からも語ることが重要である。

住宅・不動産業界はこれまで、住まいをハードの面からしか議論してこなかったように思う。耐震性、耐久性、断熱性、省エネ性などの追求である。そうしたハード中心の思考が、流通市場活性化のための瑕疵保険制度、安心R住宅、インスペクションなどの法制度化に向かわせた。

もちろん、設備を含め住宅の基本性能を向上させる努力は今後も継続していかなければならない。省エネ性能についても、単なる省力化だけでなく〝創エネ〟を組み合わせたZEH（ゼロエネルギーハウス）の普及は国家的プロジェクトとして進めるべきである。しかし、住まいが備えるべきものはそうしたハード面の性能や機能だけだろうか。実はその先にあるソフト、暮らしのあり方にこそ、これからはもっと気を向ける必要がある。

もっとも暮らしのあり方に気を向けるといっても、ハード面と違い、正しい暮らしのあり方などという基準は存在しない。とはいえ、万人が望む暮らし方がないかといえば、そうでもないだろう。

紀元前中国・春秋時代末期の思想家、孔子はこう言った。

「之を知る者は、之を好む者に如かず。之を好む者は、之を楽しむ者に如かず」

楽しむことができることこそ最も大切な能力であるといった意味である。また、精神科医だった斎藤茂太氏はこう言った。「〝できること〟が増えるより、〝楽しめること〟が増えるのが、いい人生である」。住まいは生活の基盤なのだから、そこは暮らしを楽しむ場でなければならない。

## 「住む」より「楽しむ」

〝「住む」より「楽しむ」〟をブランド・スローガンとしているアールシーコア（東京・渋谷、二木浩三社長）は、まさに「家は暮らしを楽しむ道具」と割り切るユニークな住宅会社である。ＢＥＳＳブランドのもと、さまざまな自然派個性住宅を生み出している。２０１９年夏に発表した最新モデルが、その名も「ワンダーデバイス　ギャング」（写真参照）。必要最小限の母屋（おもや）と、〝離れ〟（ログ小屋）を広めのデッキでつないだ商品で、主役は〝遊び〟である。

母屋と離れがセットになった商品「ワンダーデバイス　ギャング」はアールシーコアが展開するBESSシリーズの一つ

家は、仲間とともにデッキに集い、暮らしを楽しむための基地という考え方である。まさに頭の中から、家という従来の固定概念を取っ払い、何がしたいのかというところから発想してみる。家づくりの〝離れわざ〟である。だから、家には玄関がなければならないという常識もくつがえした。遊びに来た仲間たちを迎えるデッキが玄関のようなものである。

しかし、この〝離れわざ〟かなりの冒険でもある。本当に商品として成功するのかどうかも未知数だ（広報によると、発表後の反響は好調）。ただ、戦後供給されてきたこれまでの日本の家が、所有とか資産価値を意識しすぎて、あまりに、〝閉じられた〟思想をもつ単体となっていたことは否めないだろう。それが地域の活力を奪い、人間関係（コミュニティ）を希薄化してきたといえないだろうか。「ギャング」がそうした閉塞感に一石を投じる商品となることは間違いない。

## 閉塞感を打破

住まいのあり方を変えれば社会を変えることができると思うのは、社会は人々の意識でできているからである。住まいは人の意識（心）と深くかかわっている。その意識の中には、潜在意識も少なからず含まれているが、その潜在意識に気づかせてくれるのも、ほかならぬ住まいである。だから、住まいが変われば日本人の潜在意識に作用し、感性が研ぎ澄まされ、社会の閉塞感に気づくはずである。

日本社会は今のままだと、高齢化率は２０４０年には36％に達し、２０６０年には約4割となってほぼピークに達する。しかし、人口減少が止まらなければその後も4割水準が半永久的に続く（65ページの図3―1参照）。単身世帯の比率は高齢化率よりも早く上昇し、2040年には4割に達し、その後はほぼ横ばいで推移する見込みだ。つまり、日本社会は出生率が今後も上昇しなければ未来永劫、2・5人に1人が65歳以上で、5世帯に2世帯がひとり暮らしとなってしまう。これは日本全体が〝限界集落化〟していくことを意味している。

## 課題は住宅の長寿化

〝人生100年時代〟だからこそ、住まいのあり方を見直すとともに、地域のコミュニティ形成に本気で取り組むことをしなければ日本の未来は開けない。その難しい課題を率先して担うのが、ほかならぬ住宅・不動産業だ。

まず取り組むべき課題が、住宅寿命の長期化である。今の日本の住宅はその寿命がきわめて短い。鉄筋コンクリート造のマンションが築40年を過ぎると大規模

図1−2　滅失住宅の平均築後年数比較

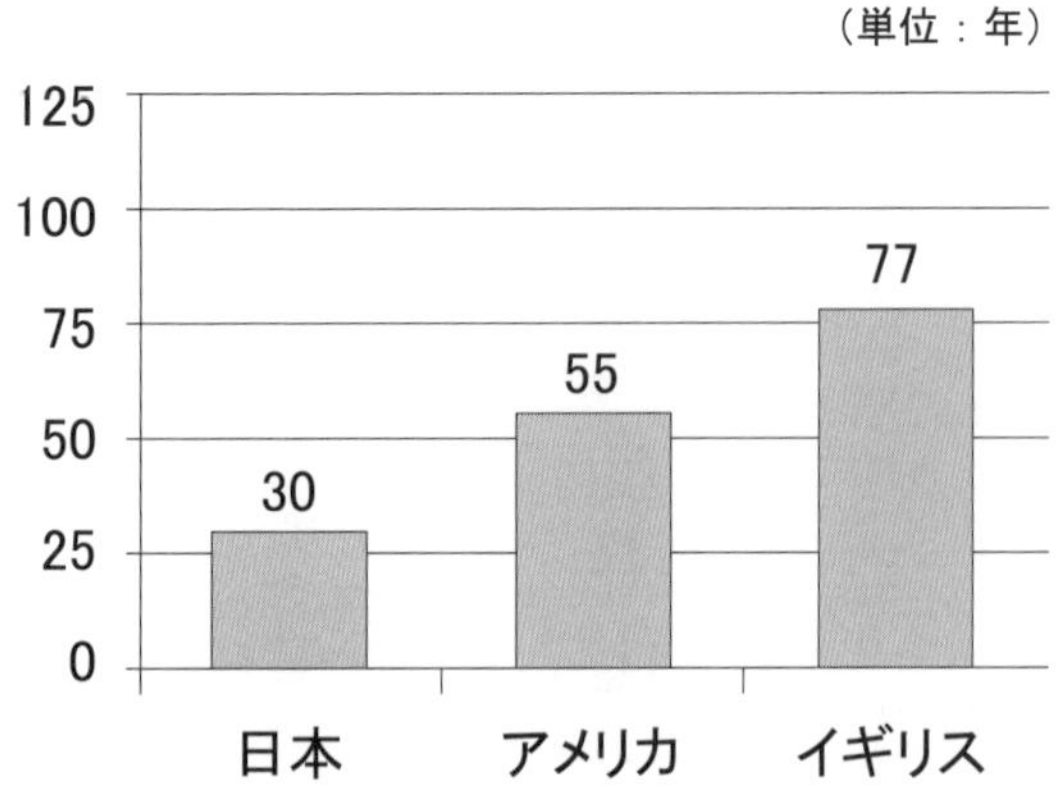


修繕はもちろん、建て替え対象にさえなってくることは周知の事実である。木造の戸建て住宅の場合は、築20年以上経過するとその資産価値がゼロとみなされる実態もよく知られている。

人間の寿命の半分にも達していない住宅寿命を本格的に改善しない限り、住宅を購入することが負の資産を抱え込むことになってしまう。現在、中古住宅の流通市場活性化に向けたさまざまな対策が施されてはいるが、いずれも抜本的解決策には至っていない。その理由は明らかで、住宅についても「経年劣化」の視点から抜け出せていないからである。

## まとうべきは〝悠久〟という時間

もし、英国のように日本でも築100年以上の住宅が当たり前のように存在するようになれば、〝人生100年時代〟にあっても、いつでも自分が生まれ育った家を見ることができる。それがどれほど、人生を豊かに彩るものなのか日本人は想像すべきである。子どものころに遊んだ「おもちゃ」が部屋の片隅から出てきただけでも、何とも言えない郷愁を覚えるのだから。

おそらく現代の日本にあっては、多くの人が自分が小さいころに住んでいた家を大人になるころまでには失っている。それどころか、筆者の体験では、思い出が詰まった新婚当初に住んでいたアパートも、その後10年も経たないうちにこの世から消えてしまった。

もっとも、〝人生100年時代〟を支えるためには、そうした〝郷愁〟の世界

人生100年時代の住まいは〝悠久〟という時間をまとうべきである

とは別に、住宅の資産価値を維持する手立ても欠かせない。そのためには、「経年劣化」という従来の発想を逆転させ、時の経過が住宅の価値を生むような手立てが必要である。そもそも、住宅は〝悠久〟という時間をまとってこそ、住む人に真の安らぎをもたらすものである。そのためには、長い年月や風雨にさらされることで、むしろ味わいを増す〝木の文化〟を我が国の住宅市場に復活させることが重要である。

## 自然との融合がカギ

もし、〝新しい〟ということの価値が、「きれいで、ピカピカしていて、未使用で、設備が最新で、これから何年も住むことができる」ということであるなら、当然のように、その価値は年月の経過とともに減少していく。むなしく砂時計の砂が落ちていくごとく――。

東京R不動産代表ディレクターの吉里裕也氏は2017年10月に開かれた空き家問題に関する講演会で、「古いもののほうが、新しいものよりも価値があるのではないかと感じることがしばしばある」と述べた。同社は築年数を経て放置されている古い建物を現代ふうによみがえらせ、賃貸市場に出す仕事をしているが、「その結果、新築の周辺相場よりも高い家賃で貸せることがある」からだという。

注意すべきは、改修の仕方である。新築そっくりに戻すのではなく、あくまでも〝古さ〟を生かすのである。人間が古いもの、年月を経たものにこそ安らぎや、ほっとする思いを抱く生き物であることをうまく利用しているのだ。

ただし、当たり前だが、ただ汚れていくだけの老朽化に人はなんの魅力も感じない。人が魅力を感じる〝古さ〟とは、自然と融合した「ふう合い」である。建物という物質が、長い年月、四季の変化と風雨にさらされると、あたかも自然と共生する有機物のようなふう合いを帯び始める。人はそこに悠久と心の安らぎを覚えるのではないだろうか。

# 第2章

# 住宅業界が求め始めた『幸福論』

# 「住まい」と「幸福」の関係

誰もが幸福になるために家を買う。ならば、「幸福とはなにか」を考えなければならない。家を買う人はもちろん、家をつくり、それを販売する人たちも同様である。不動産業に限らず、みんなが「幸福とはなにか」を真剣に考える世の中こそ、大人の社会だ。

ただ、その答えは簡単には見つからない。なぜなら、自分という人間はこの世にたった一人しかいない。人は誰であれ、一人で人生を生き、自分で幸福を求めて生きていかなければならないからだ。誰に頼ることもできない。そういえば、家という不動産もこの世にまったく同じ物は存在しない。ということは、誰もが幸福を求めて家を買うわけだが、その幸福は二重の意味でこの世に一つとして同じものは存在し得ないということも一つの真理である。

## 生活の拠点ではなく「基盤」

幸福とはなにかを考える前に、住まいとはなにかを考えてみよう。

住まいを生活のための拠点と考える場合は、住まいと生活とは別物で、住まいは生活していくための、ただの拠点ということになる。「ライフスタイルに応じて住まいを選択する」という場合も同じことになる。そうではなく、住まいは生活の基盤、生活そのものと考える。さらに言えば、住まいの選択は自己表現そのもの、住まいとは人格の表出であるとさえ言えないだろうか。

住まいが生活のための拠点となっている例を挙げるなら、若い人が地方から東京に出てきて、初めてひとり暮らしをすることになったときのときめきを想像してみよう。とにかく主目的は「ひとり暮らし」であるから、その拠点となるアパートやマンションの質は二の次である。結婚して共働きをすることになった夫婦が2人の職場からともに通いやすい立地にマンションを求めるケースも立地が第一で、マンションの質や中味については二番目となる。住まいが所詮そうした程度（レベル）のものであるなら、「住まいとはなにか」といった議論をわざわざ展開する意義などない。

では、住まいは本当に生活の拠点に過ぎないのだろうか。国土交通省が2019年にまとめた「不動産ビジョン2030」は、住宅を「人生の大半を過ごす欠くことのできない生活の基盤」と定義している。生活の拠点と、生活の基盤は異なる。基盤というからには生活の一部、それもその根底をなしているということである。では、生活の根底とはなにか。

おそらく、不動産業ビジョンがいう生活の基盤（根底）の意味は、生活を成り立たせている家計経済的、物理的、さらには法律的（住所確定）意味合いを指しているものと思われる。しかし、住まいについて考察する意義はそこにあるのでもなく、住む（生活する）人の感性や美意識、価値観にまで踏み込んだところにあるのではないか。つまり、住まいを「生活の根底」としてとらえるということは、人はなんのために生きているのか、幸福になるために生きているのだとすれば、幸福とはなにかを明らかにすることと同じくらい重要な意味をもつことになる。

## 「幸福」とはなにか

幸せが快適に暮らすことや、生活が便利になることに依拠するのであれば現代人は過去のどの時代よりも幸せに生きていることになる。特に現代文明の象徴である都会で暮らすことは〝幸福の極致〟といえるだろう。

しかし、幸せがなにかを創造することであり、それによって〝生きている躍動感〟を感じることにあるのだとすれば、現代社会はそれを阻む障害に満ちあふれている。特に都会は、人間性をマヒさせかねない刺激や焦燥感、滑稽ともいえるような各種流行が行き交う場所だけに、そこに暮らす現代人は自己を見失わない感性が必要だ。

そのためには、せめて住まいというものだけは、世の中の流行や情報に振り回

人工物に満ちた都会は、他人の脳の中で生きているようなものだから息苦しくて疲れやすい

されることなく、生きている喜びを静かに味わい、家族であれば家族だんらんの時間をゆっくりと楽しめる空間にすることを第一義に考えるべきである。住まいがそのような場所であればこそ、人間はそこで一日の疲れを癒し、明日への気力を取り戻すことができる。

都会に暮らす現代人の心は過去のどの時代よりも疲れている。情報があふれていて気ぜわしいだけでなく、いまだに効率性重視のビルド&スクラップを繰り返し、古いものに本物の価値を見いだすという奥深さをもった社会ではないからだ。

解剖学者の養老猛司氏は次のように述べ

ている。

「人間が都会生活に疲れる理由は、都会は他人がつくりだした人工物に満ちているからである。人工物をつくり出すのは人間の脳だから、都会人は他人の脳の中で生活しているようなものだ」

他人の脳の中では息苦しい。だから都会で働いていると疲れるのである。せめて自分の住まいは、自分の脳でつくり、人工物だけではなく自然をなるべく取り入れた癒やしの空間にしたいものである。住まいは人の心を癒やすためにあるのだから。

## 「住まいは人なり」

吉田兼好が徒然草（第十段）で述べた〝住まいは人なり〟の人は住んでいる自分のことだ。つまり、自分を感じることのできる空間が住まいとなる。

考えてみると、現代人に欠けているのはその〝自分らしさ〟を発見する感性ではないだろうか。そして、逆もまた真なりでそうした感性をみがくためには、自分らしい住まいに住むことが最も有効であるような気がする。

戦後は賃貸住宅はもちろん、分譲マンションでも他人の脳が企画した画一的な間取りに住む人が増えた。住まいも勤め先のオフィスも、街の通りも食事をするレストランが入っているビルも、駅も電車もすべてが他人の脳でつくられたものである。うっかりしていると、他人の脳の息苦しさにも慣れてしまう。そして、いつのまにか他人の脳と自分の脳との区別を忘れてしまう。それを防ぐには、〝自分らしい〟空間にこだわるしかないのである。

リタイアした高齢者など〝田舎暮らし〟を志向する人が増えているのもうなづける。人工物に満ちた都会を脱し、自然に接することで、脳や心をリセットしたいという欲求があるからだろう。リセットすることで、自分の感性を取り戻すことができれば、仮に再び都会に戻ってきても今度は自らの感性で自分らしい人生に踏み出すことができるかもしれない。その意味で高齢者の田舎暮らしは必ずしも永住である必要はない。

「自然の中に身を置く5年間は、高齢者にとっては〝田舎留学〟である」とワープスティ推進協議会の大川陸治会長は言う。ちなみに、「ワープステイ」とは、アクティブシニアが都会の自宅を5年間定期借家権で人に貸し、5年後には地方から都会（自宅）に戻ってくることを前提にした移住・住み替え構想のことである。

## 積水ハウスが「幸せ」を研究

〝幸せ〟を研究する積水ハウスの「住生活研究所」（河崎由美子所長）が2018年8月1日発足した。同社の総合住宅研究所（拠点＝大阪、京都）内に設立したもので、民間企業が〝幸せ〟の専門研究機関を設けるのは日本初だ。同社は記者会見で、「今後迎える〝人生100年時代〟には、暮らしにおける〝幸せ〟のさらなる追求が重要になる」とその設立動機を語った。

住宅はそれを単なる「器（うつわ）」とみればハードそのものだが、これからの住宅産業がそこにとどまっていたら、いずれ顧客から見離される時代が来る。積水ハウスの住生活研究所設立は、そうしたリスクを察知したがゆえだと思う。

同社は〝幸せ〟の研究を始めるにあたり、これからの住まいが提供すべき幸せを、「すこやか」「つながり」「私らしさ」「生きがい」「楽しさ」「役立ち」という6つのテーマに絞ることにした。トルストイの『アンナ・カレーニナ』の冒頭には「幸福な家庭はどれも似たものだが、不幸な家庭はそれぞれに不幸である」という言葉がある。これに対しては、まったく逆ではないかという意見もあるが、万人に共通の幸福感はやはりあると考えるのがまっとうな生き方というものではないだろうか。

## 〝脱LDK〟発想で生まれた大空間

積水ハウスの住生活研究所は発足から2カ月後の2018年10月、これまでの

積水ハウスが「住生活研究所」の研究成果として発表した大空間「ファミリースイート」

研究成果と従来からの先進技術を掛け合わせた新商品（モデル棟）を茨城県古河市にある同社の「住まいの夢工場」で公開した。大型バス2台が仕立てられ、報道陣約80人が招かれた。

新商品は「新しいリビングのありかた」を提案している。同社標準梁の約10倍の強度をもつ「ダイナミックビーム」で最大スパン7mの大空間リビング（約30畳）を実現した。その大空間（ファミリースイートと命名）は、従来からの固定概念である「LDK」ではなく、リビングを中心に家族それぞれのさまざまな暮らしが自由に渾然と溶け合う空間となっている。そのためにパーティションや段差、家具などでゆるやかに仕切られている。一つの場所を一つの目的のためと決めてしまわない日本古来の〝住みこなし文化〟が息づいているという。

いわば〝脱LDK〟発想による多目的大空間を実現したことで、家族はもちろん、近隣住民や友人らが集まりやすくなる場が創出されている。そこにどのような生活シーンを思い浮かべるのか——その豊かな想像力と感性こそが、〝幸せ〟に欠かせない人との〝つながり〟を生み出す源泉と考えているようだ。

住まいとはなにかといえば、つまるところは、そこに暮らす人の心と心が織りなす空間である。人の心はゆらぐ炎のようなものだから、ゆらめく空間が広いほど心が解放され、想像力が増し、充足感や安らぎが満ちてくる。つまり、住まいにとって大切な〝広さ〟とは各部屋の総和としての床面積ではなく、心を包み込む〝その場〟の広さである。

同研究所はこれまで、つながり、自分らしさ、楽しさなどを主な研究テーマとしてきたが、次に力を入れるテーマは〝健康〟だという。

## 高まる健康意識

〝人生100年時代〟を迎え、日本人の健康意識は高まる一方だ。なかでも近年は、40代以上の認知症予防に対する関心が高い。親も心配だが、自分は大丈夫かという不安もある。というのも、厚生労働省が2015年1月に発表した「認知症施策推進総合戦略」によれば、65歳以上の認知症患者は2012年には約462万人だったが、それが2025年には約700万人（高齢者の5人に1人）にも膨らむとい推計されている。ちなみに2008年の段階では同省は25年の認知症患者数を約386万人と予想していたから、その後いかに認知症患者が急増しているかがわかる。その要因として新潟大学名誉教授で免疫学の権威だった故安保徹氏は「現在日本では約2000万人が血圧を下げる薬を処方されている。それにより血圧が下がり脳卒中は減ったが、血流不足で脳梗塞や認知症が増えている」と述べている。

**図2　認知症にかかっている人の割合（年齢別）**

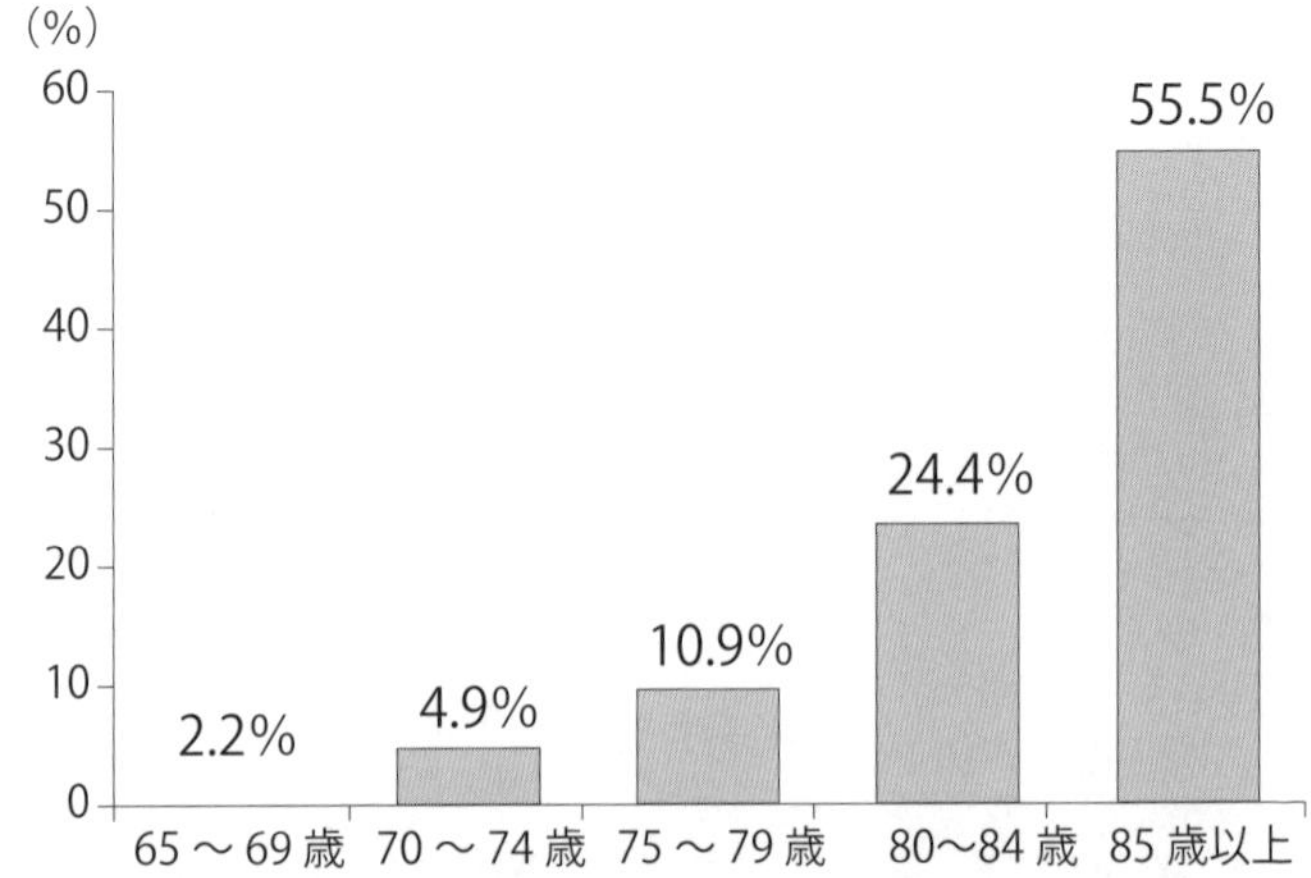


出典：「日本における認知症の高齢者人口の将来推計に関する研究」（2014 年厚生労働省科学研究費補助金特別研究事業）より算出

現在、認知症研究者の間では認知症の要因とみられる〝脳のゴミ〟が溜まり始めるのは40歳ごろからの生活習慣に起因しているという説が有力だ。だから高齢期に認知症が発症するのを防ぐためには壮年期からの生活習慣に気をつける必要があるという。

生活習慣は喫煙、飲酒、運動不足、睡眠、食事など多岐にわたるが、それらと密接に関係し、かつ包括的で長期にわたる生活習慣といえば〝住環境〟である。もちろん、認知症に限らない。がんをはじめあらゆる病気の原因はストレスともいわれているから、心を解放しストレスを貯めない住まいに住んでいることは、住む人の健康に直結する。

失ってみてはじめてその大切さがわかる健康が、住まいと密接な関係にあることが日本でもようやく認識されるようになってきた。住まいと健康に関する研究は、これからの住宅業界が真剣に取り組むべき課題である。

## 住まいと脳の関係を研究

住まいと脳の関係についての研究も始まっている。積水化学工業住宅カンパニーグループの住環境研究所と生涯健康脳住宅研究所は2019年の春、「睡眠状況に関する実態調査」の結果を発表した。それによると、①睡眠に対しては中年層（30—50代）の4割がなんらかの不満を持っていて、その人たちの9割以上が睡眠不足を感じていること②眠りの問題は日常生活の乱れが要因であること③音・温熱環境も睡眠に対する不満の一因になっていること——などが明らかになった。

この生涯健康脳住宅研究所（嘉規智織所長）が開設されたのは2016年8月。東北大学加齢医学研究所などと連携して、脳の育成・活性化と、住まいや暮らし方との関係を研究する機関だ。具体的には、健康な脳を維持するために、「睡眠」「運動」「コミュニケーション」「食事」という4つの機能に注目している。同じく連携している江戸川大学睡眠研究所の福田一彦教授は、「よい睡眠がとれるかどうかは、住宅の構造や機能によって大きく変わる可能性がある。在宅時間のうち、最も長い活動が睡眠だ。住宅はこれまで覚醒中の暮らしを中心に考えられてきたが、健康維持の観点からは、光環境など睡眠に注目した住宅を開発する必要がある」と興味深い指摘をしている。

嘉規智織所長は、「寝る2時間前に過ごす部屋の照度を50ルクス以下にすると快適な眠りが得られる。だから、リビングや寝室の照明器具を調光可能なものにしておく必要がある」と話す。というのも、住環境研究所が2015年に行った実験でも、就寝前の照明条件をそのようにした変更したグループ（12人）が、変更しなかったグループ（11人）に比べ、入眠・起床時刻ともに早かったからである。

同研究所は今後、睡眠だけでなく、残る3項目のコミュニケーション（会話）、食事、運動を合わせた「話・食・動・眠」（わしょくどうみん）をコンセプトに、健康な脳と住まいとの関係性を研究していくという。当然、その研究成果は同社の新築住宅やリフォーム、サービス付き高齢者向け住宅（サ高住）などに生かしていく方針だ。

嘉規智織所長は、「〝健康脳〟という以上、認知症予防が主な目標になっていくと思う。これまでにも高齢化社会における住宅のあり方などについては研究してきたが、急速な高齢化の進展にともない、住まいの課題の重点が〝対応から予防へ〟と変化していくのではないか」と語る。今後も同研究所の研究成果が楽しみである。

## 医学界で進む二つの変革

「住まいと健康に関する研究」が注目を集めるようになった背景には医学界における二つの大きな変革がある。その一つが「治療医学から予防医学へ」という流れだ。病気を予防するためには、その発病原因を突き止める必要があるが、現代人がかかりやすい生活習慣病（成人病）の〝習慣〟を生み出しているものとして、〝住まい〟が影響しているのではないかという考え方が日本でも予防医学を重視する医者の間で増えてきた。米国ではもっと進んでいて、身体の不調を訴えて病院に行くと、医者が「どこでどんな家にお住まいですか」と聞くのが常識となっているという。

日本人は持ち家を持つと、その家に生涯居住することが多いので、特に生活習慣の多くが「住宅」で形成されているのではないかということが容易に推察できる。生涯に何度も住み替える米国人以上に、日本人は住まいと生活習慣との関係に注意を向ける必要があるだろう。

医学界におけるもう一つの変革が、「西洋医学中心から統合医学へ」という流れである。統合医学とは、患部に対する対症療法的な西洋医学だけに頼るのではなく、東洋医学、さらにはさまざまな代替療法をも融合させ患者を人間的にトータルにとらえて、その人に合った最善の治療方法を考える医学のことである。病気を診るのではなく、病人を診るという考え方だ。

病人の心の問題も含め、患者を全人格的にとらえなおそうとするこうした統合医学の台頭が日本の医者に住宅や住環境に目を向けさせるきっかけになっている。

ドイツの哲学者フリードリヒ・ニーチェはこんなことを言っている。

「知性と芸術的感性を生活の基本に差し向けようではないか。衣食住こそが私たちを生かし、現実にこの人生を歩ませているのだから」

## リブラン（東京・板橋区）の行動原理

住む人を人間的にトータルに捉える不動産ディベロッパー、株式会社リブラン社長の鈴木雄二氏は、自社の50年史の中でこう述べている。

「リブランでは事業計画書を役員会へ上申するのが内規である。創業期にトップダウンで仕事をさせてきた静雄（現相談役）は、社員たちが社会問題に気づき、分譲マンション事業を自ら仕立て、民間企業ながらも社会的公器として社会問題解決の一助を担う企業にリブランを変えていきたいと願っていた」

では、分譲マンションディベロッパーが気づくべき社会問題とはなんだろうか。それはリブランの社是にも表現されていることだが、「人々の幸福と住まいとの関係をディベロッパーで働く社員がしっかり探求しているか」という課題だと思う。人間にとって幸福とはなにか。仮にそれがモノではなくコト、ハードではなくソフトだとしたら、住まいはそのためにどういう〝形〟でなければならないか、どういう〝場〟として存在していなければならないのかといったことを、社員が

リブランが分譲した環境共生型マンション「エコヴィレッジ北習志野」（千葉県船橋市）

不断に考え続けていかなければならないということだ。

ちなみに、リブランが前身の千葉建設からＣＩで社名をリブランに変えたとき制定された社是にはこうある――。

私たちの願いは「しあわせ」です。しあわせは、よい「こころ」から。そして、よいこころは、よい「住まいと街づくり」から。

リブランが最初に取り組んだ難しい課題は、〝一戸建てに限りなく近い〟マンションだったように思う。戸建て住宅のように明るい日が射し込み、戸建てのように風が通り、しかもプライバシーが確保されているマンションづくりである。そして今も取り組む永遠の課題となっているのが環境との共生だろう。環境をこわすのではなく、マンションに住む人にも周囲の人たちにも心地よい環境を創造するための工夫と努力である。人間にとって欠かせない自然との共生と言ってもいいかもしれない。そして、リブランにとっての究極の深遠なる課題は、建築がつくり出す空間と人の心との関係である。

空間とはなにか、人の心が満たされるとはどういうことなのか、簡単には答えの出ないテーマに、不動産会社だからこそ真剣に取り組む責務があるのではないか。住宅は実際に住み始めてからの長い時間軸のなかでその価値がわかるものだ。しかし、つくり手が一緒に住むわけにはいかない。そこがつくり手側もその価値を実感できる他の商品と違うところだ。だから、住宅を供給する側にとって、「空間と心」の研究は欠かせない。

# 新元号「令和」に寄せて

新たな元号「令和」とともに始まった〝人生１００年〟時代に、住宅業界がなすべきことは、住宅ユーザーとともに、住まいに対する新しい価値観を創出していくことである。簡単に言えばハードではなくソフト。再び、ニーチェの言葉を借りれば、住む人の住まいに対する想いに住宅メーカーは「もっと真摯なまなざしを向けるべき」ではないだろうか。

たとえば、住まい手は家の中にいても移りゆく四季を感じながら暮らしたい、自分が主役で王様のように振舞える家がいい、片付けることが楽しくなるような間取りにしたいなど、多様な望みと夢を抱いている。

なかには、日本人であることを満喫できる家、自分が何者であるかを静かに問いかけてくるような家、知友や知人を呼んで遊ぶことを使命にしているような家など、かなり哲学的で個性的な価値観をもっている人もいる。

そうした一人ひとりの夢やたくらみに寄り添うことこそ、これからの住宅業界に求められていることだと思う。なぜなら、現代人にとって住まいは住み手の個性を表現する場であってほしいし、同時に個性を呼び覚ます場でもなければならないと考えるからだ。

価値観の転換には、たとえば従来からの「新・近・大」から「古・遠・小」へ、という考え方もある。これは一つの価値観（たとえば駅近）をいつまでも追求し続ければいずれは資源が枯渇するから、恣意的に逆の価値観に移行せざるを得なくなるという考え方である。新築志向は人口減少時代には馴染まないから、中古住宅市場が必要というのも同じ論理的思考だ。

しかし、そうした広い社会的観点ではなく、現代人の価値観はもう少し狭い、ミクロの領域でそれぞれが生息しようとしているように思われる。それを孤立社会ととらえることも可能だが、互いが互いを理解し、共生して棲み分けているというとらえ方も可能ではないか。

２０１９年５月からは「時代の風が和らぐ」という意味をこめた新元号「令

花が咲き、風が和らぐような暮らし。息苦しい時代だからこそ、令和の時代にはそんな伸びやかな暮らしをかなえる住まいが求められている

和」がスタートした。令という文字は元号に初めて使われるのだという。花が咲き、風がやわらぐような自由な暮らし。新たな価値が、時代の空気を和ませ、人々に生きる勇気を与えるように、日本人の住まいに新たな価値を吹き込み、人々の暮らしに和やかさを取り戻す大きな使命が住宅業界にあると感じる。

# 第3章

# 社会を変える新しい価値観

# 「住まい方改革」はシェアハウスから始まった

第1章で「住まいが変われば社会が変わる」と述べたが、住まい方改革の第一波はシェアハウスだったと言っていいだろう。見ず知らずの他人同士が一つ屋根の下に暮らすシェアハウスという居住形態が今も伸びている。正確なデータはないが、累積では東京を中心に全国で5万室を超えているようだ。

賃貸住宅を、持ち家を持つまでの仮住まいではなく、純粋な住まいとしてとらえた場合、住まいの重要なファクターである「安心感」はどこから生みだされるのだろうか。セキュリティを万全にするなど手段の自由度が高い持ち家とは、当然、安心感を生みだす構造が異なる。

実は賃貸住宅の住まいとしての安心感は、オーナー、管理者、入居者という3者の良好な関係からしか生まれない。では、その良好な関係はどうしたら生まれるのかといえば、それは住まい方のルールづくりを「3者の協議」で決めるということである。集合住宅で安心して住むために欠かせないのが生活ルールであり、その最も大切な生活ルールの決定過程において、3者の信頼関係が確立されることは理想的姿といえるだろう。

このような観点からすると、シェアハウスという賃貸住宅は、アパートなどの一般賃貸住宅よりも理念的に極めて優れていることがわかる。なぜなら、住まい方のルールづくりは、シェアハウスに限らず集合住宅の生命線だし、それが常に守られているかのチェックをシェアハウスは入居者と管理者（オーナーである場合も）が共同で行っているからである。さらに、ルールの改善も試行錯誤的に常に進められている。

あるシェアハウス（新築）のオーナーで管理者でもある不動産会社経営者は、「従来のアパートに比べると、シェアハウスの管理は格段に楽しいので、週に3日は行って入居者と話をします」と語る。シェアハウスには共用スペースのリビングやダイニングキッチンがあるので、そこに行けば管理者が入居者と接しやすいというメリットがある。そして、接すること自体が楽しいのである。従来のアパートではなかなかそうはいかないだろう。

集合住宅にとっての究極の価値は、生活ルールを守らず、同居する人たちや近隣に迷惑をかける不良入居者がいないことである。それを担保するためには、注意してもルールを守らない入居者には退去を迫るしかないが、法的にそれが可能なのは定期借家権である。定期借家権での入居を原則としているシェアハウスはその意味でも、普通の賃貸住宅（普通借家権が一般的）よりも合理的といえる。

## シェアハウスの可能性

シェアハウスは賃貸住宅のなかでは、まだまだニッチな市場だが、こうして見てくると、居心地のいい空間を生み出すための十分な仕組みを備えた居住形態であることがわかる。もちろん、シェアハウスも千差万別である。なかには、違法状態に近いような劣悪な物件もあるようだ。時代にマッチし、新たな可能性を秘めているシェアハウスだけに、そうした悪質なケースが表面化し、普及・拡大の芽がつまれることは避けなければならない。

シェアハウスでは新たな入居者の歓迎会が日常的に行われている（写真提供は日本シェアハウス協会）

シェアハウスが持つ〝時代性〟の一つは、高齢者や母子家庭などの社会的弱者を守る機能をもつことだ。特に、高齢者は平均寿命が延びたことにより、病気や要介護になる確率が高まっている。なかでも懸念されているのは、認知症患者が厚生労働省の予想を上回るペースで増加していることだ。前章でも述べたように、同省は2025年には認知症患者が700万人を超えるだろうと発表した。これは高齢者（65歳以上）の5人に1人が認知症になる計算である。

認知症の予防に大切といわれているのが、コミュニケーションである。日本シェアハウス協会が推奨しているシェアハウスの一つに、若者から高齢者までが集う「多世代交流型シェアハウス」がある。すでに会員による実績もある。

日本は今後、単身高齢者世帯が増加するが（2015年562万世帯→2040年881万世帯）、これを放置することは、ある意味国として〝孤独死〟を公認することでもある。一人で自宅に閉じこもるのではなく多世代と交流し、生活をしていくうえで多面的に助け合う〝互助〟の関係が生まれやすいシェアハウスは日本が超高齢社会を乗り切る重要なインフラとなり得る可能性を秘めている。

## ハードからソフトへ

「住まい」の改革は、HEMS（ホームエネルギーマネジメントシステム）、ZEH（ゼロエネルギーハウス）、IOT（インターネットオブシングス）などハード面における技術革新が先行しているように見えるが、実はもう一つ、大きな潮流がある。それが「ハードからソフトへ」の流れである。

大手不動産業界は住宅のハードでの差別化が困難となり、新たな戦略を模索している。たとえば、分譲マンションのテレビコマーシャルを見ると――。

「世界一の時間」（野村不動産のプラウド）▽「人生を極める住まい」（東急不動産のブランズ）▽「五感を開放する住まいへ」（東京建物のブリリア）▽「ザ・パークハウスでよかった。一生ものに住む（三菱地所レジデンス）など、人の感性に訴える詩的フレーズが並ぶ。つまり、ハードからソフトへと訴求ポイントが移行し始めている。そこで今後は、ソフトとはなにかが改めて問われることになるだろう。

## 大和ハウスの新商品〝森が家〟

大和ハウス工業は2019年初頭、〝森が家〟をコンセプトにした新たな木造3階建て住宅を発表した。森の中で暮らしているような安らぎを得ることでストレスを解消し、生涯健康で人生100年時代を謳歌してもらいたいという思いを込めた住まいだ。開発にあたっては、「森の部屋」と「都市の部屋」を再現して、それぞれの部屋にいる間の脳波を分析する実証実験も行っている。実験協力者は男女20人。その結果は、人は森の中にいるような環境に身を置くとストレスが約14％低減し、情報処理能力も13％向上することがわかった。

これらの実験成果を踏まえ、品川シーサイド展示場に2019年1月に誕生したモデルハウスは、緑視率10％以上の植栽で囲み、リビングの中央には疑似暖炉を配置して火のゆらぎが体感できるようにした。寝室は都市では失われた森や川の音を聴きながら眠りにつくことができる音響システムを備えた。つまり、家の中に〝五感のゆらぎ〟が生まれる仕組みになっている。

　では、人間はなぜ都市にいると疲れるのか。大和ハウス工業が今回の開発にあたって協力を求めた予防医学博士の石川善樹氏は「人工物に囲まれた都市では単調な刺激にあふれているからだ」と指摘する。夜遅くまで煌々と照るＬＥＤライト、空調により一定に保たれた部屋の中の温度など。要するに都市には森の中のような〝五感のゆらぎ〟がないから、長年自然の中で暮らしてきた人間にとってはくつろぐことができず、ストレスが溜まっていくことになる。

「唯幻論」で知られる心理学者、岸田秀氏は「都会に住むようになった人間はすでに本能がこわれた動物」とさえ見る。本能が働かないから、人間社会が生みだした共同幻想のなかで生きるしかないというわけだ。

　注目すべき点は、〝森の中〟はストレス低減効果だけでなく、情報処理能力も高まるということだ。それならば、仕事も都会のオフィスではなく、〝五感のゆらぎ〟がある自宅や、自然豊かな田舎の職場（サテライトオフィス）で作業したほうが効率が上がる。「働き方改革」で、自宅勤務やテレワーク、コワーキングスペースなどの活用が推奨され始めているのもうなずける。

大和ハウスの新商品「森が家」が目指したものは、森の中で暮らしているような安らぎである

## 「働き方改革」で変わる住まい

今注目の「働き方改革」の一環で、ＪＲ東日本や私鉄各社が主要駅構内にサテライトオフィス（ブース形式の一人用オフィス）を設け始めた。通勤混雑を避けるためにサラリーマンが会社まで行かなくても仕事ができるようにするための施設だが、「駅ナカ商店街」がいつのまにか当たり前になったように、こうした「駅ナカオフィス」が本格的に整備されるようになる日もそう遠くないのかもしれない。

この働き方改革も住まいの選択に大きな影響をもたらす。たとえば、今は通勤がラクな〝都心居住〟が人気で需要の中心となっているが、必ずしも会社まで行く必要がないということになれば、今後は郊外であってもサテライトオフィスがある駅の近くの住宅地であれば、再び需要を盛り返す可能性がある。郊外はなんといっても地価が安く、自然が残るなど子育て環境としても適しているから、子育てを抱えた共働き世帯にとって魅力である。その結果、都心から郊外に流れた住宅需要が、駅ナカオフィスに対する需要をさらに増大させ、働き方改革の一層の推進につながっていく可能性もある。ましてや、テレワークやリモートワークで完全な在宅勤務が普及すれば、通勤という無駄な時間もなくなり、住宅の立地はかなり自由度が広がっていくだろう。

## 増えるフリーアドレス

先日、親しくしている友人がオフィスにフリーアドレス制を導入したというので見学に行った。フリーアドレスは自分専用の固定デスクを持たず、その日の業務内容や時間に応じて大型テーブルの空いている席を自由に使う方式。従来はデスクの上や足元に山のように資料を積み上げていた友人だったが、身の回りの小物を入れる収納箱とノートパソコン、それに必要な資料だけをテーブルに置いて仕事をしていた。仕事が終わればそれらのものを専用ロッカーにしまって帰るのだという。

長谷工コーポレーションのグループ会社が導入したフリーアドレス制のオフィス

管理職を除けば、ほかの社員もすべて同様のスタイル。そこから伝わってくる空気は従来のオフィスに比べ、どこか凛としたものがある。資料が捨てられないのは「また必要になるかもしれない」という不確かな未来にこだわっているからだといわれる。それよりも、〝今〟に集中すれば余分な資料に対する未練を断ち切ることができるし、仕事もはかどるのだという。

フリーアドレスの普及はおそらく、会社以外で仕事をするのが当たり前になる時代の前触れだろう。考えてみれば、これだけ情報通信技術が発達した社会で、いまだに会社と自宅を毎日往復する「通勤」という概念が残っていること自体不思議だ。

## 「働き方改革」は、人生の楽しみ方も変える

これまでは本社や支店・営業所など、毎日決まった場所で働くのが当たり前だったが、今後在宅勤務も含めて働く場所や時間の多様化が進むと、人生の楽しみ方にも大きな変化が生まれる。それは働く人間の意識が変わるからである。

戦後、日本を世界第2位の経済大国に押し上げたのも、働く人たちの「会社が何より大切」という意識だった。〝モーレツ社員〟〝会社人間〟などと揶揄もされたが、それはことさら非難されることではなく、時代が生んだ人々の意識だったのである。その〝意識〟が今後、働き方改革によって変わっていく。テレワークやリモートワークの普及が、今度は働く人たちに「会社とは要するに働く場所に過ぎない」という当たり前のことに気づかせることになる。これまでは、会社に行かず会社以外の場所で働くことに、どうしても違和感（うしろめたさ）があっ

たのは、会社という場所を単に働くだけの場所ではなく、それ以上の神聖な場所としてとらえていたからではないか。たとえば、自分の仕事ぶりを会社や同僚に見せる場所、上司や同僚と親睦をはかる大切な場所などというように――。

そうした、日本的な「会社型資本主義」が「働き方改革」によって今後変貌する。仕事をする場所や時間を自由に選ぶということは、同時にオンとオフの時間をどう選別するかという意識につながっていき、「働くこと」と「楽しむこと・遊ぶこと」とのバランスを取る「ワークライフバランス」につながっていくことになるだろう。

## 住宅・不動産業はどう変わるべきか

私は、日本の住宅・不動産業界は今のままではだめで大きく変わる必要があると思っている。では、具体的にどう変わるべきなのか。たとえば今、日本社会の閉塞感が象徴的に表れているのが、賃貸住宅市場における高齢者入居拒否問題ではないだろうか。この問題は二つの側面で深刻である。

一つは、すでにアパートに入居している高齢者が、これからさらに高齢になることによって、家主との間でさまざまなトラブルを抱えてしまうだろうということである。具体的には、建物の老朽化で家主は取りこわし建て替えたいが高齢者が退去してくれないなどの問題である。

もう一つは、その結果として、家主が高齢者の退去拒否や家賃滞納などの問題で苦労する事例が増えれば増えるほど、高齢者の入居を拒む家主が今以上に増えてくるだろうという問題だ。

その一方で、今後ひとり暮らしになる高齢者はますます増えるので、今は持ち家に住んでいる人も含めて、高齢者の賃貸住宅に対する需要は増える一方となる。それなのに、高齢者が住める物件が少なくなっていけば、いわゆる〝漂流老人〟が社会問題化することになる。世相はますます暗くなっていくだろう。

この問題を解決する方法はたった一つしかない。それは、とても難しいことだが、高齢者にひとり暮らしをさせないということである。日本人は、対症療法は得意なのだが、物事を根本からとらえて社会を変革していく力が弱い。これまでのように、高齢者のひとり暮らしが増えることを前提に対策を考えるのではなく、今は高齢者のひとり暮らしをなくすためにはどういう社会に変えていけばいいのかを考えることが重要である。

たとえば、すでに時代的役割を終えた核家族を前提にしない社会だとか、「若さ」よりも「老い」に価値を認める社会だとか、家事や子育てが世の中で最も尊い仕事だと考える社会である。これからの日本にはそうした価値観の大変革が必要である。そうした大本の価値観についての大議論を政府やマスコミが仕掛けなければならない。出生率など今のトレンドが続けば、日本は今後100年経っても超高齢社会を抜け出すことはできないのだから。

〝人生100年時代〟だからこそ、住まいのあり方を見直すとともに、地域のコミュニティ形成に本気で取り組むことをしなければ、日本の未来は開けない。その難しい課題を率先して担うのが住宅・不動産業である。

## 家制度に代わる箍（たが）

ここで改めて家族というものについて考えてみよう。絶対的な神（主）をもたない日本人にとっては、〝家制度〟が家族を束ねる力、家族の絆、ひとりの人間としての最終的な心の拠りどころとなっていた。その、ある意味強力だった日本人としての心の箍（たが）が、戦後の家督制度廃止によってなくなる。その結果、日本社会は個々人がそれぞれの価値観を求めて漂流し始める。家族はそうした不安定な個々の家族の生き方を心配し、優しいまなざしで見詰め合うだけの儚げな存在となっていく。

家族の絆が希薄化していくのに、長寿化で人は長く生きることになった。そこに現代社会の不安の根源がある。しかも将来、高齢化率は4割強で半永久化していく可能性が高い。国立社会保障・人口問題研究所の「人口の超長期推計結果」（図3―1参照）によれば、出生率が1・35（中位推計）で推移した場合には、高齢化率は2060年ごろに40％に達し、その後も半永久的に4割を下回らない

## 図3―1　人口の超長期推計結果

| | 前提（出生率） | 2090年の人口 | 2010-2090年 | 高齢比率 |
|---|---|---|---|---|
| ケースA | 2025年<br>1.8 | 8,101万人（安定しない） | ▲4,705万人 | 31.5%<br>（2095年） |
| ケースB | 2025年<br>1.8→2035年2.1 | 9,466万人（安定） | ▲3,340万人 | 26.7%<br>（2095年） |
| ケースC | 2025年<br>1.8→2040年2.1 | 9,371万人（安定） | ▲3,435万人 | 26.7%<br>（2100年） |
| ケースD | 2025年<br>1.8→2050年2.1 | 9,200万人（安定） | ▲3,606万人 | 26.7%<br>（2105年） |
| ケースE | 2030年<br>1.8→2050年2.1 | 8,945万人（安定） | ▲3,861万人 | 26.7%<br>（2110年） |
| 中位仮定 | TFR＝1.35 | 5,720万人（安定しない） | ▲7,086万人 | 41.2%<br>（2100年） |

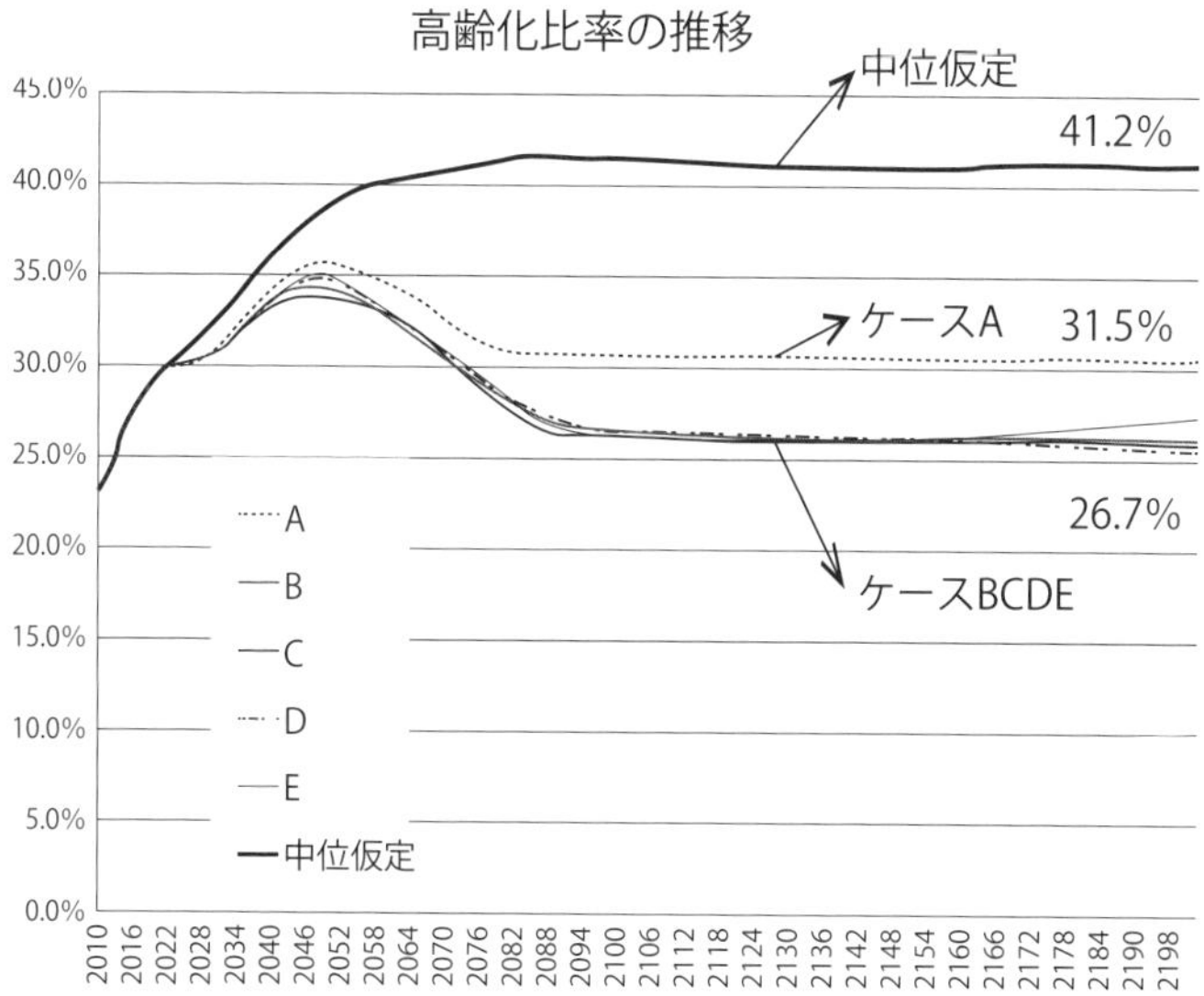

という（2100年で40・6％）。つまり今のままだと日本は半永久的に超高齢社会から抜け出すことができない。このように、あまりに不都合なことはマスコミでも余り大々的に取り上げないのが世の常である。

## 少子化をどうくいとめるか

要するに出生率が上がらなければ、当たり前だが人口減少が止まらず、高齢化率は下がらないという構図が続く。高齢化率が下がらなければ、若い現役世代の社会保障費負担は重いままだから、少子化の経済的要因は解消しない。

経済的要因が解消しないのであれば、別のルートから少子化を止める道を模索するしかない。日本人は元来、美的センスの優れた（もしくは美的センスを大切にする）民族だと思う。今、東京から地方への移住を検討する若い世代が増えているが、その大きな背景について総務省所管で2015年にオープンした「移住・交流情報ガーデン」(東京駅・八重洲口前)の担当者は創設当時、こう語っていた。

「美しい自然がある地方で、のびのびと子育てしたいと考える若い子育て世帯が増えている」。

東京のケバケバした雑多で、なんの色彩的調和も美しさもない看板があふれる街並みを見て暮らせば、経済的理由をうんぬんする前に、子育てに対する憧憬が荒廃していくのも当然ではないだろうか。

とはいえなにも、地方の田園風景だけが美しいのではない。都会にあっても地域に住む人たちの上質な町づくりに向けた意志の統一が感じられる町並みであれば、生まれてくる子どもの心にも美しい感動を残す光景になる。行き交う見知らぬ人同士が自然にあいさつする町、商店街ではお年寄りがベンチに座って通りを眺めている町、路地で子どもたちが遊ぶ町――そうした光景にも心にしみいる美しさがある。そうした町並みと家々をつくり出していく仕事こそ、これからの不動産業の役割だと感じる。

## 静かなる有事

止まらない人口減少は〝静かなる有事〟といわれる。日本社会は人口減少が止まらなければ将来、高齢化率と単身世帯率はともに約4割という末期的状況が半永久的に続く。しかし、少子化をストップさせる方法は今のところまったく見えていない。

たとえば、現在子どもを産む女性の中心年代は30～34歳。そこで、30歳の女性の数が今後どう推移するかをみると、2015年時点＝約69万人、2025年＝約59万人、2035年＝約52万人と減少していく。つまり子どもが生まれる母体そのものの数が減少していくから、単に一人の女性が生涯に産む子どもの数（2018年時点で1・42人）が多少増加したとしても、簡単には人口増加に結びつかないのである。

では日本は今後、どんなビジョンを描けばいいのだろうか。当面は〝縮むニッポン〟を覚悟しつつも、2050年ごろから100年先を見越した超長期的人口再生計画を練るしかない（65ページのグラフ参照）。その人口再生計画の根底に据えるべきが〝住まい革命〟である。戦後の日本の住まいづくりの思想を根底から見直し、人が生きる喜び、幸せを根源的に感じる住まいと地域（コミュニティ）づくりへの挑戦である。ハードだけでなくソフトも重視した〝新感覚〟の住まいというべきか。

## 住まい革命

そこで、人間にとって幸せとはなにかだが、それがたとえば「自分らしく生きる」ことだとすれば、そもそもその自分らしさを感じる豊かな感性がみがかれる家でなければならない。すなわち、日本人による日本人のための住まいづくりが求められている。たとえば、戦後の日本は都市への人口集中によって高度経済成長を果たしたが、そのためには土地を高度利用して、多くの人が都市に住めるようにする「マンション」という新たな居住形態を必要とした。今ではタワーマンションも都市では当たり前の居住スタイルとなっている。これに匹敵するほどの住まい方革命が、今後は日本の人口再生のために必要だということだ。

１９８０年代に入って急速に起こった社会変化といえば、それまで大宗を占めていた専業主婦世帯に代わり共働き世帯が主流（ふつう）になったことである。両者の世帯数が逆転したのは１９９０年代後半で、今では共働き世代が約１２５０万世帯、専業主婦世帯が約５８０万世帯となっている（図3―2参照）。全体の約７割が共働き世帯である。これは、この40年間で日本の家庭における夫婦の関係と役割が大きく変化したことを意味している。

専業主婦世帯における妻の役割はまずは夫に従い、家事をしながら子を育てることだった。しかし共働き夫婦はどこまでも対等で（というより所得に比例する関係か）、子育てのための時間と労力の割り振り方もその家庭によってさまざまである。これほどの社会変革が住まいのあり方に変化をもたらさないことはあり得ない。それは、働く女性にとって家事をしやすい間取りや設備、あるいは夫婦の時間、子どもとの時間を大切にする空間づくりといったレベルをすでに通り越

**図3―2　共働き世帯数の推移**

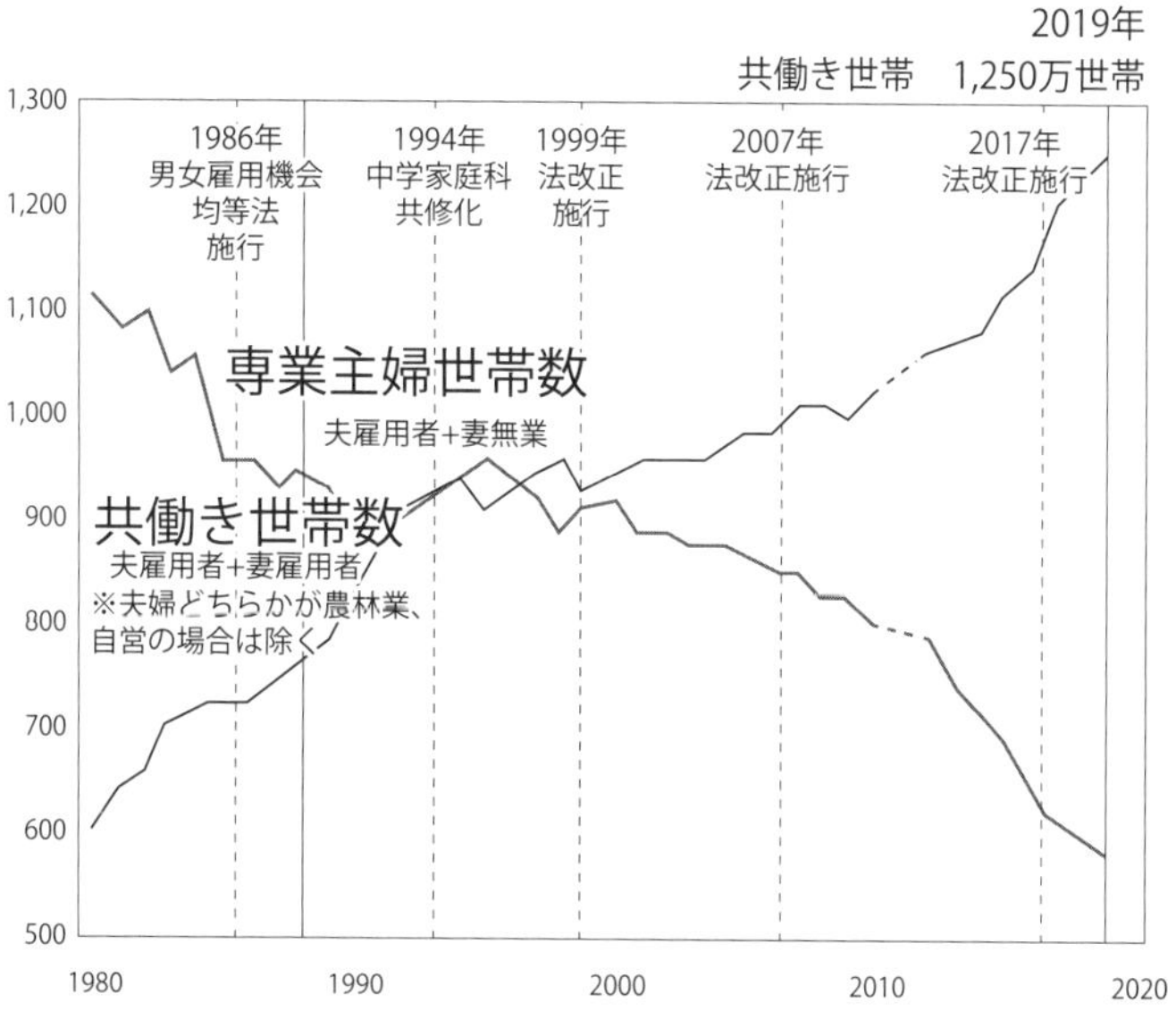


し、日本社会の未来を創造するための住まい革命を必要としている。

## 旭化成ホームズの「共働き家族研究所」

旭化成ホームズの「共働き家族研究所」が2019年8月、創設30周年を迎えた。共働き世帯がふつう（常識）となった今、当然のごとく同研究所の研究テーマも創設時とは様変わりしている。同研究所の資料「最近5年間の変化と今後の研究」によれば、たとえば90年代の研究テーマは「働く妻の応援」だったが、今は「家事育児へ参加し始めた夫の応援」にシフトしている。「家計も家事・育児も支え合うのが夫婦の共通認識となっている」からである。

共働き家族研究所の山田恭司所長は今後のさらなる研究テーマとして「働き方改革が共働き家族に与える影響」「人生〝100年時代〟に増加する60代共働き夫婦」の2項目を掲げている。いずれも予測しがたいテーマだが、共働き時代における最大の課題が「子育て」にあることは間違いないのだと思う。そしてその解決策は一家庭の夫婦での分担論ではなく、地域の多様なネットワークによる「新・親族」とも呼ぶべき人間関係が担う分担論になっていくのではないだろうか。

## 秋田県の成功が意味するもの

毎年小・中学校で実施されている国語と算数（数学）の全国学力テストで、秋田県の小学校は2007年度の同制度開始以来10年連続全国1位である。中学校も毎年トップクラスの成績だ。その要因の一つに、学校と連携した「家庭学習」の徹底がある。学年に応じた一定時間（目安として10分×学年）は必ず家で学習する習慣を子どもに身につけさせているという。教育も子育ても〝地域の問題〟ととらえることが重要だ。

また、秋田県といえば本州辺境の地にあり、全国で最も高い高齢化率（36・3％）、止まらない人口減少、その最大の要因である若者の県外流出など多くの難題を抱えている。国立社会保障・人口問題研究所によると、県人口は2040年には70万人まで減少するとみられている。そうした底知れぬ危機感こそが、県と県民が一体となった〝子どもの学力強化〟に向かわせているのではないか。郷土の再生を、子育てという人間形成の原点に懸けているのである。

秋田県式学習方法の成功は、子どもの教育において学校と連携したうえでの家庭の役割がいかに大きいかを示している。家族の団らんを核とし、必ず親が子どもにその日学校であったことを聞く習慣や、子どもが居間で勉強を始めたらテレビを消して集中できる環境をつくるなど、家族が協力し合う努力が欠かせないからだ。そうやって、家族が力を合わせ、子どもがなにかを成しえたとき、家族の絆は強まっていく。

念のため付け加えると、秋田県の子どもは体力テストでも全国上位だし、不登校率は全国最小レベルにある。つまり、子育てという一大事業を家庭と学校が連携し補完し合うことで文武両道、「自立した大人に育てる」という教育の究極的目標にも適っている。そうした秋田県の成功から見えてくるものは、「辺境が中央を凌ぐ」という逆転の発想である。

## 親の知らない海を渡る子どもたち

人口減少、少子高齢化、国の財政危機など日本社会を覆う閉塞感を打破する力は、この〝辺境の思想〟からしか生まれないのではないだろうか。追い詰められても逃げない思想、逃げ場はないと覚悟する潔さが課題解決への粘り強さを発揮する。秋田県では今後も人口減少、高齢化の波は避けられないと覚悟しつつも地道な改善努力を続けることで、いつの日か起死回生のチャンスを狙う。

危機感が薄い〝中央〟にあると、これまでの成功体験の延長線上でしか未来を想像できない。しかし、2040年には高齢化率が35％に達し、単身世帯率が全世帯の4割という数字を挙げるだけでも、日本の未来が過去の延長線上にないことは明白であろう。今の大人はそれでもなんとか生き延びれるかもしれない。しかし、子どもたちを〝親の知らない海〟に放り出すことが許されるのだろうか。

今こそ、家族が団らんする時間を増やし、親子の対話を子どもの教育に生かし、子どもに学ぶ力と意欲を自然に身につけさせる家庭が日本中に広がらなければな

今の子どもたちは、今までの社会の延長ではなく、親がまったく知らない海を渡っていくことになるだろう

らない。戦後間もないころには、〝子どもを甘やかさない〟という規律がまだ地域と社会に残っていたのだから。

日本人にどうして住宅を購入するのかと問えば、「家族が幸せになるため」と多くの人が答える。家族が幸せになるということは、先に逝く親が見届けることのできない子や孫の未来にも、安心して夢を託すことである。親は子の将来を見届けることができないからこそ、子どもを必死で教育し、自立した大人に育てる。

では、親から子へ、子から孫へと託される夢とはなんだろうか。それこそが、個々の家庭が育む〝幸せの流儀〟と呼ぶべきものではないか。流儀だからこそ、親子で技を磨き、鍛錬し、その流儀を伝承していく。そのように、日本の住まいが長い時間軸のなかで語られるようになったとき、ハードとしての住まいと、幸福という目に見えないソフトとしての住宅が見事に融合することになる。

# 第4章

# 国民が迫る「不動産業大変革」

## 「幸福を考えるのが不動産業者の責務」

日本大学教授で不動産業に造詣が深い清水千弘氏は2018年7月、「不動産女性塾」主催の講演会でこう語った。

「ひとは幸せになるために一世一代の住宅を購入するのだから、仲介会社の営業社員は自分が扱う商品が顧客を真に幸せにしているかという点にもっと心をくだく必要がある」

住宅の売買仲介業務で中心的役割を果たしているのが「宅地建物取引士」（以下「宅建士」とする）である。従前は「宅地建物取引主任者」といったが、2015年の宅建業法改正で名実ともに〝士業〟となった。というのも、このときの改正は単なる呼称変更だけではなかった。改正宅建業法（第15条）に宅建士の業務処理の原則として、「宅地又は建物の取引の専門家として、購入者等の利益の保護及び円滑な宅地又は建物の流通に資するよう、公正かつ誠実に法に定める事務を行う」と規定されたことに注意すべきである。

ここでいう「購入者の利益」とは、経済学的にいえば、購入代金（仲介料を含む）の対価として〝幸せ〟という効用を得ることだから、購入者の幸せの実現に宅建士は責任を持たなければならないことになったのである。

清水氏はこうした宅建士に対する新たな位置づけが原動力となり、「宅建士の仕事が進化し始めている」とも指摘する。つまり、重要事項説明と説明書への記名押印、契約書面への記名押印といった従来からの業務範囲に縛られることなく、積極的に顧客さらには地域住民を幸せにするためのまちづくりに乗りだすケースなどが増えているということである。

たとえば、地域の安全性を確保するため震災対応マニュアルを作成したり、社会的弱者である高齢者や障害者の住居あっせんに努めたり、空き家問題解決のために自治体との連携を強めたりといった動きが徐々にだが広がりはじめている。

清水氏は、「不動産テック」などの技術革新がこれからの不動産業にもたらすインパクトの大きさについても詳細に語った。そして、結論としては「不動産テックはしょせん、消費者に対するサービス向上のための一つの手段に過ぎない。

そのための手段として、テクノロジーを使ってもいいし、人間を使ってもいいわけだが、大事なことは目的をたがえないことだ。つまり、消費者が幸せな家を手に入れるという根本的目的達成のためには、やはり人間が介在しなければ難しいのではないか」との見解を示した。

講演会の冒頭で※「不動産女性塾」の北澤艶子塾長（代表理事）が必ず語るのは、日本の不動産業界で働く女性たちへの熱いエールだ。

「不動産業もいろいろですが、住宅をあっせんする仕事は男性よりも女性のほうが向いています。だから今、私たちがこの仕事でもっと生き生きと輝き、社会に貢献していくことができれば、私たちを先輩とする若い女性たちが将来はこぞって不動産業界への就職を第一に希望するようになる。そうなれば不動産業界のイメージアップにつながり、もっと国民にとって親しみやすい業界になるでしょう」

すでに大手不動産会社の売買仲介部門でも約半数が女性に、中小不動産会社の賃貸仲介部門では女性の数のほうが上回っていると見ていいだろう。だから、北

「顧客の幸福を考えるのが不動産業者の責務」と語る日本大学の清水千弘教授（不動産女性塾で講演）

澤艶子氏のいう「女性パワーによる業界変革」は、もはや数の問題ではない。

前述したとおり、改正宅建業法第15条で宅建士には、消費者に対し〝公正で誠実な業務〟が求められることになった意義は大きい。ただ、実務的には何をもって、「公正で誠実」というのかが難しい。まして、仲介業の根源的・社会的使命が、幸せな家のあっせんであるとすれば、公正であるか、誠実であるかの尺度は極めて人間的思念に頼らざるを得ない。

これからの課題だが、宅建士の意

見と、所属する不動産会社の意見がぶつかったとき、「宅地又は建物の取引の専門家」として、どう〝士業〟の志を貫くのか。そのぎりぎりの世界で、男性宅建士と女性宅建士とで意見の相違が生じるのかは興味深いテーマとなる。

※不動産女性塾は２０１６年11月に発足。２０１７年１月に第１回セミナーを実施して以降、隔月で会合を開いている。２０１８年８月１日には一般社団法人格を取得している。

## 「営業マン全員資格制度」が必須

日本社会の一つの不幸は、不動産業界に対する国民の信頼が依然として薄いことである。土地や住宅など大切な資産を扱う業界にもかかわらず、営業マンの社会的地位が確立されていない。その理由は、不動産会社の営業マンとして仕事をするために必要なベーシックな資格制度が設けられていないからである。

たとえば日本では証券会社や銀行に所属し、金融商品などを顧客に勧誘する外務員になるには投資家保護の観点から、日本証券業協会の「外務員資格試験」に合格し、その氏名などを金融庁に登録することが義務付けられている。同協会は金融商品取引法に基づく業界の自主規制機関であり、不正行為を行った外務員に対しては登録抹消などの処分を行うことができる。ちなみに外務員資格は、取り扱える業務の種類に応じて6段階に分かれている。

日本の住宅・不動産業界には宅建士をはじめさまざまな上位資格が設けられているが、すべての営業マンが取得しなければならない最もベーシックな基礎的資格制度がない。そうした制度を創設し、業界を横断する日本不動産業協会（仮称）のような自主規制機関が資格取得者を指導・監督していくことが必要ではないだろうか。

## 「宅建士」の登場は一歩前進

２０１５年4月1日施行の改正宅建業法では、業界の信頼回復を担う者として宅建士が誕生した。それに伴い新設された「宅地建物取引士の業務処理の原則」（第15条）の全文にはこうある。「宅地建物取引士は、宅地建物取引業の業務に従事するときは、宅地または建物の取引の専門家として、購入者などの利益の保護および円滑な宅地または建物の流通に資するよう、公正かつ誠実にこの法律に定める事務を行うとともに、宅地建物取引業に関連する業務に従事する者との連携に努めなければならない」

弁護士の柴田龍太郎氏はこう語る。「この条文の中には二つの注意すべき点がある。まず、今までは宅建業者が主語になる条文がほとんどだったが、ここでは宅建士が独立した主語になっている。その宅建士に対して、購入者などの利益の保護を図れと言っていることです。ということは、もし所属する宅建業者が消費者の利益に反するような行為をしようとしたら、宅建士はそれを止める義務があるということです」

この指摘は極めて重要な意味をなす。宅建士が所属する不動産会社から独立した専門家として位置づけられたということだからである。第二の注意すべき点としてはこう指摘する。「関連業者との連携にも努めなければならないとしています。ということは、消費者のために〝ワンストップ〟で相談を受けられるシステムを宅建士が中心となって構築しなければならないということです」

関連業者としてはリフォーム会社、瑕疵保険会社などさまざまだが、2020年度からはインスペクションが宅建業法上位置づけれたため、インスペクターとの連携も重要な責務となる。

このように、宅建士制度は信頼確保に向け前進はしたが、このことを国民にどれほど周知できたのか。やはり、国民にもっと身近なところでの信頼確立が急務だろう。とりわけ、地元密着型不動産会社に対する期待が大きい。なぜなら、子育て支援、高齢者の介護・身守り、空き家活用など難題解決のためには、地域に精通した不動産会社の力が必要不可欠だからである。

## 地域ビジネスの真髄

不動産業全般はもちろんだが、仲介業だけをみてもその業務が今後ますます専門化していく。言い方を変えると、仲介はそれだけ奥深くやりがいのある仕事になる。賃貸仲介も同様である。そして、専門化が進めば進むほど、仕事を繁盛させるためには〝信頼〟がカギを握る。

アパートを建てるのはハウスメーカーの仕事だが、経年とともに入居者が決まりにくくなった部屋をどうやって埋めるかを提案するのは賃貸仲介&管理会社の仕事である。空室を埋めるための専門性を備えた不動産会社であれば、地元オーナーの信頼を得ることができる。

ある会社は、オーナーに対し、空室が目立ってきたアパートを税法上の「低額譲渡」に抵触しない範囲で、設立した同族法人に売却する方法を提案している。同族法人は低額で購入しているので、リフォーム後に相場より安い家賃で入居者を募集することができるというものだ。これはほんの一例だが、空き家対策は個々のオーナーの事情が異なるため、多彩なノウハウと能力が求められる。もちろんリフォーム市場に精通していることも必要だし、国や自治体の空き家関連政策をよく勉強していることも重要である。

ただし「商い」というものは、ただ利を大きくしようとするものではない。地域業者であれば、常に地域に気を配り、空き家とか空室があればそれを地域に役立てる方法はないかと思案し、その努力に対する報酬として儲けが転がり込んでくる、そうした欲を張り過ぎない心構えが大切である。

東京・浅草で創業54年となる日本不動産の山下欣司社長の座右の銘は「ひとの世の、ひとの情けに生きる我、ひとの世のため、誠を尽くさん」。人口減少時代の日本社会を支えるものは〝地域〟であり、その地域経済を担う地元業者に求められるものは、「利に辛いこと」ではなく、地域やひとの役に立つという経営理念であろう。

## 信用は無限の財産（東京・足立区、北澤商事）

　1956年の創業以来、賃貸と売買仲介のみに専念してきた北澤商事（東京都足立区）の北澤艶子会長は「信用は無限の財産なり」を座右の銘としている。「信用を築くのには何十年もかかるが、失うのは一瞬。奢らず怠けず、細かい仕事をコツコツ当たり前にやって、息長く成長しいく」ことを社是としている。企業の平均寿命が23・5年（東京商工リサーチ調査・2014年）という我が国で、60年以上も会社を存続させることができている最大の秘訣がそこにある。

　本人の弁によれば、「二十歳（はたち）そこそこの小娘だった」北澤会長が人に勧められ、何もわからないまま始めた不動産業を今日の業容（本店のほか4支店）に育てるまでには、語りつくせないほどの困難があったことは容易に想像できる。

　なかでもすさまじかったのが1980年代後半のバブルとその崩壊だ。そこで、あさましいまでの人間欲が渦巻く社会に翻弄され、甘言に乗った大家が倒産する

「信用は無限の財産」と語る北澤艶子北澤商事会長

など、つらく悲しい思いをいくつもさせられてきた北澤会長からすれば、若年世代の減少などさほどの問題ではない。

しかも、北澤会長は賃貸市場をリードする発想力・企画力を若いころから備えている。昭和30年代、まだ誰も思いつかなかったアパート管理業を始めて大家に感謝されたことも（フィーは家賃の5％）、また部屋は和室が常識だった時代、渋る大家を説得して洋室を提案し大成功をおさめたことも、すべて北澤会長の発案だった。

会長は言う。「入居者の住まいに対する好みは時代とともに変わっていく」。それをいち早く察知し、大家に提案する勇気が会社を発展させてきた。ましてこれからは高齢者や単身世帯が増え、地域のコミュニティ形成に社会の関心が向かう時代。地域の核となる不動産業――そのベースとなる賃貸管理会社には時代を鋭く切り取る感性が求められている。

## 「多品種・少量生産」の仲介という仕事

人口減少と少子高齢化が加速する日本では、従来の「画一型大量生産・大量販売」のビジネスモデルがもはや成り立たないことは明白である。逆に、これからは、〝多品種・少量生産〟型のモデルをどうすればビジネスにできるかという難しい課題に直面することになる。住宅・不動産業では、これまでは新築分譲住宅が主に一次取得層をターゲットに大量生産・大量販売型事業をけん引してきた。しかし、今後の分譲事業は富裕層向けの超高級住宅と、中・低所得層がさほど無理なく取得できるロープライス型住宅に二極化していくのではないか。そして、そのいずれも、もはやこれまでの大量販売は難しい。

そこで、今後の有望市場とみられているのが中古住宅市場である。膨大なストックの山を活用すれば、ユーザー個々のニーズにあった住まいを、顧客の予算に応じてカスタマイズしながら供給していくことができる。「欲しいときに、欲しい家を、欲しい価格で手に入れたい」という顧客ニーズに対応していくことができるだろう。この究極の顧客ニーズを満たす多品種・少量生産型ビジネスを実現できるのは「中古住宅＋リノベーション」市場だけである。

## 「中古」＋「リノベーション」

リクルート住まいカンパニーの調査（２０１６年）によると、「リノベーションという言葉も内容も知っていて関心がある」と回答した人の割合は、住宅検討者全体の52％に達している。２０１２年調査では28・８％だったから、近年急速な伸びとなっている。同社の池本洋一・SUUMO編集長は、「特に若い年代にこの傾向が強く、ネットでの検索ボリュームを見ても、最近は〝新築マンション〟と〝リノベーション〟というキーワードが拮抗している」と話す。

なぜ、若者は古い住まいをリノベーションして住むことに関心を示すようになったのだろうか。おそらく、年月を経て古くなった建物に〝時という自然〟を感じ取るからではないだろうか。生まれた時から人工物に囲まれた都会で暮らしてきている若者は、無意識に〝自然のふう合い〟を求めているのではないか。なぜなら、人間はもともと自然の一部として生まれてくるからである。しかし、都会では自然に接する機会は極めて少ない。そうしたなか、唯一自然を感じさせるものが、年月を経ることで自然のふう合いを浴びた〝古い建物〟なのである。

リノベーションを数多く手がけているブルースタジオの大島芳彦氏はかつて、講演の中でこう語っていた。「古い家をリノベーションして価値を上げるためには、半分新しくして、半分は古い部分を残す。そうすることで新しさと古さの魅力が互いを引き立て合う」。

そして、こうも語った。「古いものと新しいものが共存することで、住み手を〝物語〟の主人公にすることができる」と──。

## 選ばれる地域になる

「中古＋リノベーション市場」の活性化が求められているもう一つの理由がある。それは、これからの住まい選びには、単体としての住まいだけでなく、その住まいがある〝地域〟に対する評価も欠かせないからだ。逆に言えば「どうしてもこの地域に住みたい」と思った時は、そのエリアにある中古住宅を選ぶしかない。都心に近く通勤が楽な町、子育て世帯や〝住宅弱者〟にやさしい町、教育環境が整っている町など、地域を選ぶ理由はさまざまである。

日本の社会保障制度は今後、「高負担・高給付」ならまだしも、現実は「高負担・中給付」に向かう公算が大きい。そうしたなか、地方自治体によって差がある〝福祉政策〟も住まい選びの重要な判断基準となっていくだろう。

その結果、人口減少時代は自治体同士の住民誘致合戦が激化するはずである。住民が減少すれば、地方自治体は職員の数を減らさざるを得なくなるからである。どうしたら、人が集まる魅力的なまちづくりができるのか。自治体とともに、その重大な使命を担うのが地元に根を張る不動産会社である。

豊かなコミュニティがあり、人々が寄り添える街づくりに成功すれば、未来に不安を抱いている若者たちを引き寄せる大きな力になる。なぜなら、日本の未来は地域の力に掛かっているからである。地域主導の自助・互助・共助社会を構築するしかない。そのためには、持ち家だけではなく、誰もが安心して住める良質な賃貸住宅の整備も欠かせない。

## 高度化する仲介業

ところで、宅建業法上は「媒介報酬」なのに、「仲介手数料」という言い方が業界に定着しているのはなぜだろうか。報酬と手数料とはまったく意味が異なる。

報酬とは受けたサービスの質に対する謝礼だが、手数料は一定の行為に対して支払われる、あらかじめ定まった金銭のことである。たとえば「弁護士報酬」とはいうが、弁護士手数料とはいわない。住宅ローンの「借り替え手数料」とはいうが、借り替え報酬とはいわない。

今後、コンサルティング化など仲介業務を高度化するためには、営業マンの意識改革が必要になる。「自分たちの仕事は、単に売主と買主をつなぐことではなく、買主が求める暮らしを実現するためのアドバイザー、あるいはより積極的にかかわる〝暮らしプランナー〟である」という認識をもつことである。

つまり、人口減少・少子高齢化で住宅・不動産業全体が〝量から質へ〟の転換を迫られるなか、サービス業としての媒介も提供する役務の質が問われている。とても〝手数料感覚〟では成し得ない業務である。

これからの不動産会社が生き残る道は、顧客に提供するサービスの質的向上しかない。そのためには、媒介を依頼された物件に関するさまざまな知識はもとより、国や自治体の政策に関する最新情報にも精通していなければならない。そうした営業マンの努力を媒介報酬に反映させることができなければ、仲介市場の成長は期待し難い。仲介手数料を大臣告示による上限に固定してしまうことは、従来どおり成約件数を増やすことだけに汲々とする古い業界にとどめてしまうのではないだろうか。いずれ媒介報酬の自由化は、不動産業高度化に向け、避けては通れないテーマとなるに違いない。

## 「公益不動産業」という概念

「会社は誰のものか」という議論がある。株式会社の始まりといわれるオランダ東インド会社にしても、イギリス東インド会社にしても、当時は俄然、出資してひと儲けしようという株主のための器だったに違いない。しかし、現代のようにここまで株式会社が経済や政治に大きな影響を与えるようになり、国民の大多数が会社で働く社会になってみれば、もはや「会社は株主のもの」とは言い難い。

日本では、偶然か必然か国民歌手だった三波春夫が「お客様は神様です」と言ったころから〝顧客ファースト〟という考えが一気に浸透していった。すると、「顧客を幸せにするためには、まず従業員が幸福でなければならない」という経営理念の会社も登場し、さらに「従業員だけでなく、すべての取引先とも〝Ｗｉｎ・Ｗｉｎ〟の関係でなければならない」といった考えが定着していく。そして今では「会社は地域社会や地球環境にも貢献するものでなければならない」という考えが当たり前になりつつある。

こうした、新しい考えの資本主義を担い、先頭に立って推進するにふさわしい産業が「不動産業」であるとはいえないだろうか。なぜなら、不動産業は国を支える基幹産業の一つでありながら、会社の数としては中小企業が全体の98％を占めるという特異な産業構造だからである。

なぜ、中小企業が多いことに意味があるのか。それは、会社が顧客はもちろん、従業員や経営者（中小であれば株主でもある）、取引先、地域社会などすべてのステークホルダーのための公器となろうとしても、会社の規模が大きくなるほど株主の利益が優先されるようになり難しくなるからである。最も端的にいえることは、会社がまだ小さく成長段階にあるほうが、経営者と従業員が同じ夢を共有できるし、組織が小さいほうが従業員個々人の仕事にかかわる幸福感も高いだろうということである。それになにより、地域社会への貢献ということを考えれば、〝地域密着〟をモットーにするしかない中小不動産業者こそが適任と思われるからである。

したがって、大企業が地域密着を志し、従業員個々人の幸福を高めていくためには、会社のなかに中小企業と同じようなモチベーションをもった組織をいかに多くつくっていくかが課題になる。個々人が大きな組織のなかに埋もれてしまえば、創造性を発揮するチャンスもなくなるし、会社も個々の従業員の顔が見えなくなり、従業員の幸福を考えることも忘れていく。

## 地域貢献が不動産業の本業

不動産業こそ、「新しい考えの資本主義を担う」という言い回しがやや迂遠であるなら、家族や地域社会が崩壊・瓦解しかかっている現状を救えるのは、〃新しい不動産業〃しかないと言い換えることもできる。住宅やオフィス、まちづくりなどにかかわる不動産業はその本業をもって直ちに地域社会に貢献することができる数少ない産業だからである。

行き詰まりを見せている株主資本主義や金融資本主義に代わる新しい資本主義として今、「公益資本主義」なるものが議論されている。その核となる思想は「すべての企業がその本業をもって、社会に貢献する存在になる」ということのようだが、本業が関係する人たち（従業員、地域住民など）に直接的に幸福をもたらす可能性を最も高く秘めているのが不動産業だと思う。

このような認識（志）をもった不動産会社が数多く登場し、日々の事業を通じて社会に貢献し、貢献することで利益を上げ、その利益をもってさらに社会に貢献するという「新しい不動産業」に転身することができれば、日本は生まれ変われるのではないだろうか。それが、人口減少、世界に類を見ない超高齢社会に突入する日本、なかでも疲弊していく地方や地域社会を救う唯一の道ではないのか。

そのような志をもった不動産業こそ、「公益不動産業」と称するにふさわしい。

## なにが課題なのかを考える

会社はなんのためにあるのか。普通は、利益を得るためにあると考えられている。利益を十分に得ることができたら、その一部を社会に還元する。それが一般的な会社の理想である。しかし、それだと、利益が確保しづらくなった場合、会社は問題行動を起こす可能性が高い。不祥事や従業員に対する過剰労働の強制などである。

だから、会社は「社会の課題解決のためにある」という動機から行動を始める必要がある。それが「公益資本主義」である。公益資本主義をめざす経営実践研究会会長の藤岡俊雄氏はこう語る。「企業は本来、社会の課題・問題を解決するために存在する。それが事業となり、経済的な価値、社会的な価値を生む。そうすると、社会からの共感が企業に集まり、共通価値を多くの人と共有することができる。これが企業の〝目に見えない資産〟だ」。

会社が社会の課題を解決するためには、まず「なにが課題か」に気づく必要がある。課題とは、実は案外気づきにくいものだ。たとえば、空き家問題は課題とまでは言えないのではないか。なぜなら、その発生要因はすでにわかっているし、利用できるものは利用し、利用できないなら除却するしかないからだ。本当の課題とは簡単には気づきにくく、気づいても解決は困難。しかし、それを解くことに大きな社会的意義があるものを〝課題〟というのだ。

## 改正意匠法の波紋

特許庁の改正意匠法が2020年4月1日に施行された。不動産としての建築物の概観や内装デザインを知的財産権として保護するのが目的だ。これが今後住宅・不動産業界に大変革がもたらすのか否か、大いに注目される。というのも、これからの経営には〝ブランド戦略〟が欠かせず、その柱となるのがデザイン力だからである。

従来の意匠法は、動産（物）のみを対象としていたため、不動産を商品とする住宅・不動産会社が自社の商品をブランド化しようとしても、その外観や内装デザインの意匠権を得ることができなかった。例外として、建築部材（部品）を工場などで製造し、それを現地で組み立てる「組み立て家屋」の場合は、それらの部材を部分的に意匠登録することは現在も可能である。ただし、あくまでも流通するモノとしての登録であるから、模倣する会社を訴えても「建築後の不動産としての権利侵害はしていない」と反論されることが多い。

特許庁が今回、動産の枠を超え、意匠法立法（明治21年）以来といわれる大改正を行った背景にはなにがあるのだろうか。それについては経済産業省・特許庁が2018年5月に発表した「デザイン経営」宣言に、こうある。

「デザインは、企業が大切にしている価値、それを実現しようとする意志を表現する営みである。それは、個々の製品の外見を好感度の高いものにするだけではない。顧客が企業と接点を持つあらゆる体験に、その価値や意志を徹底させ、それが一貫したメッセージとして伝わることで、他の企業では代替できないと顧客が思うブランド価値が生まれる。さらに、デザインは、イノベーションを実現する力になる。なぜか。デザインは、人々が気づかないニーズを掘り起こし、事業にしていく営みでもあるからだ」

デザインの語源は「いまだ存在していない」という意味だから、デザインに人々が気づかずにいるニーズを掘り起こす力があることはうなづける。では、住宅デザインが掘り起こす、人々がまだ気づかずにいる住まいに対するニーズとはなにか。住宅の耐震・耐久性、省エネ性は当然だし、ＩｏＴやＡＩによる機能性・利便性向上は、今や住宅メーカーが重視する最新性能となっている。

考えられるのは、そうした「ハード」ではなく「ソフト」だ。ハードは目に見えるものだから、いずれは誰もが気づく。しかし、ソフトは目に見えないから、なにかを欲しても、その意識が潜在化してしまうと永遠に気づかないことがある。たとえば、「自分らしさ」「心の解放」「自由」「人に対する優しさ」などを住まいに求めていたとしたら……。

# デザインは心

前出の〝宣言〟には「デザインはイノベーションを実現する力」とも記述されている。ここでいう「イノベーション」とは、単なる技術革新のことではなく、「社会を変える」という本来の意味である。住宅のデザインに社会を変える力があるとすれば、そこに住む人の意識が変わるということである。なぜなら、社会を変えるのは常に人々の意識だからである。生活の基盤である住まいに対する人々の意識が変われば、社会も変わる。

改正意匠法は、デザインの奥深さを通じて、企業と顧客との距離を縮める可能性があるのではないか。住宅業界でいえば、住まいのつくり手と住まい手が近づくことにならないか。もともと、日本の住まいは職人である棟梁が職人としての誇りにかけて建てるものだった。その「誇り」とは、施主の希望やニーズを違えないという自負である。

意匠法の改正で個性的なデザインの住宅は他社による模倣を防止するために意匠権を登録することができるようになった（写真提供はアールシーコア）

しかし、現代にあっては注文住宅を除くと、つくり手と住まい手との間にはかなりの隔たりがあって、互いの意志や想いが直に伝わる場は少ない。ハードではなく、ソフトとしてのデザインを介せば互いの心を通わすことができるはずだ。デザインを通して企業が顧客に伝えたかった自社の理念や価値観を、顧客がその感性で受けとめるという構図である。住まいづくりのプロとしての誇りと、自分の感性で住まいを選んだという顧客の誇りを互いが尊重する住宅市場の誕生である。

# 第5章

# 長寿に挑む『住まい革命』

# 住まいとはなにか

住まいは人がまとうことができるものの一つである。ただ、同じく人が身にまとう衣服や装飾品などと比べ大きな違いがある。それは時間である。どれほど気に入った服でも一生着続けることはない。それに対し、人と住まいとの関係は長く、住むほどに愛着がわいてくるのが理想である。〝時間〟が育む関係ともいえるのではないか。しかも、〝人生100年時代〟を考えればそれは、悠久の時間となる。

人はさまざまなものをまとって生きているが、幸福を感じるかどうかはまとうものとの相性次第である。鉢から庭に植え替えた花が生き生きと輝くかどうかは、その場所との相性で決まってしまうようなものである。日本の住まいの生垣として馴染み深い椿も5年～10年の歳月を掛けなければ、色も形も生長しない。しかも、その葉や花の色には一本一本に個性がある。個性に合った手入れをしなければ植栽を楽しむことはできない。主（あるじ）を失えば家が朽ちるごとく、めで

人生100年時代は、暮らしの基盤である住まいとはなにかが問われる時代

る人がいなくなれば植栽も枯れる。

## "時"をまとう住まい

我が国の住宅論が身につけるべきは時間という概念である。ただ長期優良住宅制度などが目指す「60年以上の耐久性」といった概念とは目的を異にする。現在建て替えられている戸建て住宅の平均築年数が30年として、それを最低でも2倍に伸ばすのが長期優良住宅制度の狙いだが、それは住宅が超長期の耐久消費財という考え方から脱却したものではない。

住宅をハードではなく、幸福という目に見

えないソフトで論じようというときには、住宅が耐久消費財という概念は捨て去らなければならない。日本で空き家が増えている理由は、我が国の住宅が長期とはいえ消耗品になってしまっているからである。子は親の家で育つから、そこにはみずみずしい感性に彩られた思い出がいっぱい詰まっている。だから、親が死んでそこに住む人がいなくなっても、そう簡単にはこわしたり人に貸したり売ったりすることができない。空き家が増える背景にはそうした住まいと人との深い結びつきがあることも忘れてはならない。

## 長期化するひとり暮らし

今はひとり暮らしが標準世帯となっている。全世帯の33％で、第2位の「夫婦と子」世帯の27％を6ポイントも上回っている。といっても、親元を離れて世帯を構え始める若者が増えているわけではない。むしろ若者の数は減少しているわけだから、中高年のひとり暮らしが増えているということだ。ということは、ひとり暮らしの期間が長くなっているということでもある。

近年は、50歳になるまで一度も結婚したことがない人を〝生涯未婚者〟と定義している。それが的確な表現であるかどうかはともかく、今後は文字どおり一生を独身で通す人たちが増えることはほぼ間違いないだろう。仮に30歳で親元から独立し、その後は生涯未婚だったとすると、ひとり暮らしの期間は優に50―60年を超えることになる。

しかし、本当にそうした社会を我々は想定していていいのだろうか。それで、明るい未来が創れるのだろうか。すでに述べたように、日本人は対症療法的に政策をつくることは得意だが、問題の本質をとらえて社会を根底から改革することが苦手である。晩婚化が進み、生涯未婚者が増えている問題もその根本的要因を突きとめて、社会を変えていかなければならない。それを、個人の価値観だとか、思想の問題だから立ち入るべきではないという意見があるが、そうだろうか。もはや個人レベルの話ではなく、人間という〝種〟の問題ではないのか。

高齢者のひとり暮らしが増えていく問題にしても、それを前提に対策を考える

長期化する高齢者のひとり暮らし。それを前提にした対策ではなく、高齢者にひとり暮らしをさせない対策こそが求められている

のではなく、高齢者にひとり暮らしをさせないためにはどういう社会に変えていけばいいのかという議論が大切なのである。もちろん、自ら望んで社会との関係を断ち、隠遁生活をするという人がいないとも限らない。しかし、西行や鴨長明の時代ならいざ知らず、現代社会にあって俗世間と離れ超然として暮らすことなどできるのだろうか。にもかかわらず、高齢者の単身世帯が増え続けていること自体に驚かず、それを前提にした対策を考えればコトが済むように感じてしまうのは、日本社会と日本人の感性が劣化していると言わざるを得ない。そもそも、

高齢者には身内の者がしっかりと寄り添い、さまざまなことに本人が嫌がるほど世話を焼くのが尋常な人間社会というものである。日本人が今すべきことは、日本の未来を明るくするために今後どういう社会に変えていくべきかを議論することである。

## 老いてこそ人生

日本は認知症患者が急増している。その要因の一つが平均寿命が延びたことである。平均寿命の変遷をみると、縄文時代はわずか14~15歳と短かったらしい。江戸時代は30歳前後といわれる。明治時代（中期）は男性42・8歳、女性44・3歳、昭和22年は男性50・06歳、女性53・96歳、平成22年には男性79・55歳、女性86・30歳だった。そして平成30年は男性81・25歳、女性87・32歳である。特に戦後の急激な伸びには驚かされる。「認知症は体の寿命に脳の寿命が追いついていないために起こる現象」という説もあるぐらいだ。

**図5－1　平均寿命の年次推移**

(単位：年)

| 和暦 | 男 | 女 | 男女差 |
|---|---|---|---|
| 昭和22年 | 50.06 | 53.96 | 3.90 |
| 25-27 | 59.57 | 62.97 | 3.40 |
| 30 | 63.60 | 67.75 | 4.15 |
| 35 | 65.32 | 70.19 | 4.87 |
| 40 | 67.74 | 72.92 | 5.18 |
| 45 | 69.31 | 74.66 | 5.35 |
| 50 | 71.73 | 76.89 | 5.16 |
| 55 | 73.35 | 78.76 | 5.41 |
| 60 | 74.78 | 80.48 | 5.70 |
| 平成2 | 75.92 | 81.90 | 5.98 |
| 7 | 76.38 | 82.85 | 6.47 |
| 12 | 77.72 | 84.60 | 6.88 |
| 17 | 78.56 | 85.52 | 6.96 |
| 22 | 79.55 | 86.30 | 6.75 |
| 27 | 80.75 | 86.99 | 6.24 |
| 28 | 80.98 | 87.14 | 6.16 |
| 29 | 81.09 | 87.26 | 6.17 |
| 30 | 81.25 | 87.32 | 6.06 |

医療技術の進歩で、多くの病気は治せる時代になった。脳の研究も日進月歩というから、いずれは不治の病といわれた認知症をも克服できる日が来るかもしれない。そうなると〝老いる〟という概念がくつがえされるのではないか。従来からの「肉体

が衰え、気力も弱まり、欲が枯れ、やがては病を得て寝たきりとなって昏睡状態のなかで死んでいく」という暗いイメージから、「老後こそ人間としての成熟期であり、知恵が冴え、人生の豊穣な収穫を楽しみ、死ぬ瞬間まで明確な意識を持ち続ける」という輝く夕日のようなイメージが浸透するだろう。

最も恐ろしい認知症の発症を防ぐことができ、誰もが実り多い人生の収穫期を手に入れることができるようになるとしたら――。束縛されない自由時間をふんだんに使える老年期こそ、その生き方が問われる社会がやってくるのではないか。いや、すでにリタイア後の〝ＱＯＬ（クオリティ・オブ・ライフ）〟が問われ始めている。

## 問われるQOL（クオリティ・オブ・ライフ）

野村不動産が２０１７年10月に開業したサービス付き高齢者向け住宅（サ高住）「オウカス船橋」（全１２５戸）は、そうした時代の到来を見据え、高齢者が最期まで自宅に居住しながら自立した生活が送れることをコンセプトにしている。「オウカス」は、人生を謳歌するという意味で名付けられた。
「オウカス船橋」は野村不動産と三菱商事との共同事業で２０１４年7月に竣工した街「ふなばし森のシティ」の一画にある。同シティでは当初から街のコミュニティ形成に積極的に取り組んできたが、そうした活動に参加している多くのシニア層からは「高齢者が集う場所が少ない」「病院や健康に関する相談、趣味などの情報共有の場や機会が少ない」という声があがっていたという。

高齢者のＱＯＬを高めるためには、高齢者がさまざまなことに好奇心をいだき、日々喜びと生きがいを感じられるような街づくりが欠かせない。野村不動産は「オウカス船橋」の開業によって、これまで街に不足していた高齢者向けの施設とサービス機能を新たに組み込むことができたとしている。さらにそれらの施設を地域にも一部開放することでコミュニティの形成にも寄与している。

ちなみに、「オウカス船橋」によって街に新たに追加された機能としては「ICT活用見守りサービス・コンシェルジュ」「近居・リフォーム・資産管理などの相談窓口」「ゲストルーム」「フィットネススタジオ」「コミュニティカフェ」「デイサービス」「訪問介護」「医療機関との連携」などがある。

こうした取り組みが評価され、「ふなばし森のシティ」は国土交通省の「スマートウェルネス住宅等推進モデル事業」（2015年度）に選定されている。同事業は「高齢者、障害者、子育て世帯などの多様な世帯が安心して健康に暮らすことができる住環境（スマートウェルネス住宅）を実現するため、サ高住、高齢者生活支援施設、子育て施設などを整備する先導的な取り組みを支援する」ためのもので、同省は2009年度から実施している。

# 現役時代より長い？

大学を卒業し、就職して65歳で定年を迎えると現役生活は43年。平均寿命の81歳まで生きれば老年期は16年となる。しかし、現役時代は年間約115日しか休日がないが、リタイア後は毎日（365日）が休日である。ということは老年期の総休日数（365日×16年＝5840日）は現役時代の総休日数（115日×43年＝4945日）よりも895日多くなる。休日数でカウントすれば約2・5年分も現役時代より多くを生きることになる。

会社や家族に縛られない自由な時間こそ、本当に生きている時間ともいえるのではないか。しかも、老年期はゴールが見えてくる〝直線コース〟でもある。人生のなかで、最も華やかな舞台である。マラソン選手が最後の力を振り絞ってテープを切るように、人は燃え尽きながらも力強く、最期の瞬間を迎えるべきである。

## 時代を映す〝二つの老い〟

〝人生100年時代〟に、「100年住宅」が求められることは至極当然である。40歳のときに購入したマンションに、〝100年〟住むことができれば安心である。しかし、80歳になるころに大規模修繕の話が持ち上がったが、住民の意見が一致しないまま、だらだらと月日ばかりが流れていく。これでは、安心して暮らせる「終《つい》の棲家《すみか》」にはならない。現在、マンション購入者の6割以上が永住志向だというのに、どうすればいいのだろうか。

入居者の意見がまとまらない最大の要因は、おそらく入居者の大半が高齢になっているからではないだろうか。新築時に子育て中のファミリー世帯がこぞって入居し、そのまま住み続ける世帯が増えているのだ。かつて、土地が右肩上がりで値上がりしていた時は、マンションも値上がりしていたため、購入後10年以内に買い替えて出ていく人のほうが多かった。

しかし、1990年代初頭に地価バブル（土地神話）が崩壊して以降は、日本全土で地価が下落。マンション価格もそれに連動するようになり、永住志向が圧倒的になった。その結果、顕著となったのが、建物の老朽化と入居者の高齢化が同時に進む〝二つの老い〟問題である。

## 多世代が暮らすマンション

〝二つの老い〟問題を解決するためには、新築時から老若男女、いろいろな世代や世帯が入居するマンションを供給するという方法がある。そして、年月とともに常に居住者が交代していく仕組みにしておけば、築年数を経て建物が老朽化していっても、居住者全体が高齢化してしまうことはない。そのためには、間取りの多様化、各世代・世帯向け施設の整備（託児所・保育園、フィットネスクラブ、ケア施設など）、居住者が集うシェアリビングの導入などの工夫が必要だ。

さらには、レストランや喫茶店などの一般的テナントを誘致し、日ごろから周辺住民との交流　共同体（助け合い）意識の醸成に努めることが大切になる。そうすることで、周辺住民がマンションに移り住むことも考えられるし、地域とマンションとの距離が近くなれば、親子で〝近居〟することも可能となる。

つまり、多様な世帯が同居できる間取りと設備とソフト（システム）を用意しておけば、年月の流れのなかでマンション内での住み替えもあれば、周辺地域とマンションとの間での人の移動も出てくるというわけである。

## 嘆くべきは感性の劣化

もう一方の集合住宅である賃貸マンションにも問題が起こっている。現在の賃貸住宅市場では、家主の大半が高齢者には部屋を貸さないし、管理を委託されている不動産会社も家主の気持ちを忖度したり、「わざわざトラブルに巻き込まれたくない」という気持ちから、入居を積極的にはあっせんしない現実が続いている。

家主や管理会社の気持ちは十分に理解できるが、高齢者という理由だけで住む場所が見つからない（経済的事情で介護施設にも入れない）人たちが増えていくという〝高齢者拒否社会〟は、なんともやるせない。かつて世界第2位の経済大国を誇ったこの国としては、決して誇れる姿ではないだろう。

なぜ、このような暗い状況に陥っているかといえば、その根源にあるのは社会が暗くなっていくことにさえ気づかない日本人の感性の劣化である。感性の劣化がどこから生じているかといえば、それはものごとを突き詰めて考える言語（論理）の弱体化である。

たとえば、日本では多くの人が幸福になるために年収の10倍以上もの家を買うが、その前に「幸福とはなにか」を考える人は少ない。それどころか、人にとって「住まいとはなにか」さえもあまり考えないのではないか。子どもにとっては有名学校があるとか、共働きしやすい都心立地だとか、最寄り駅から徒歩5分もかからないとかいうことで選んでいる。つまりは、住まいを生活の拠点という観点からとらえる傾向が強い。

ましてや、家族とはなにか、人間とはなにか、命とはなにかを考えることなどめったにない。だから、世界でも類を見ない高齢社会を迎えているにもかかわらず、日本では「死」を語ることはいまだにタブー、縁起でもないとして遠ざける。しかし、言うまでもなく、人は「死」があるからこそ、良く「生きたい」と思う。幸福になりたいと願うのも、家族の行く末を思うのも「死」があるからである。つまり「死」を前提にしてこそ、人は人生に目標を持つことができる。

ただ、もう一つの真実として、この世に言葉であらわせる真理はない。だから、アインシュタインは「唯一価値あるものは直感である」と言った。その直感力は日ごろからものごとを深く考える習慣から生まれる。直感はぎりぎりの論理的思考があってこそひらめくものだ。そしてひらめく源泉には感性がある。感性がきらめいて直感がひらめくのである。だからこそ、論理的思考の鍛錬を怠らないことが大切である。

社会や時代が暗い方向に向かっていることを察知したら、自分にできることはなにかと考える。考えることがこれからの人間の仕事である。孤独死や認知症懸念など、高齢者に入居してもらうリスクは確かに高い。しかし、自分のアパートから高齢者を排除しても、それは社会をよくすることにはつながらない。どうすれば社会に貢献する賃貸住宅市場にすることができるのか。業界としても、それを考えるのが仕事である。

## 借家権が相続される問題

家主が高齢者（特にひとり暮らし）の入居を敬遠する最大の理由は〝孤独死〟である。ほかにも、うつ病や認知症などによる引きこもり、それに伴う滞納、ゴミ屋敷化などのリスクがある。孤独死の場合、発見が遅れると〝事故物件〟化してしまう恐れがある。また、借家権は相続されるため相続人とでなければ賃貸借契約を解除することも、相続人の許可を得なければ残置物を処理することもできない。

相続人と連絡が取れても負債（滞納や借金）の存在を恐れて相続放棄されてし

まう（その結果、契約解除手続が進まない）リスクなどもある。借家人保護の思想が強い今の法律のままでは、高齢者の入居を拒む家主は減らないどころか、今後ますます増加する懸念がある。

そもそもなぜ、日本はこのように高齢者に冷淡で、家族であっても損得が先に立つような世知辛い世の中になってしまったのか。その理由はすでに第1章でも述べたが、〝老いる〟ということの意義を社会が大切なものとして認めてこなかったからである。人は誰でも老いるのに、老いることを人間としての価値が減じていくこと、社会的に不要になること、汚らしいものとしてしか扱ってこなかったからである。老いることの意義が大切なものとして社会に受け入れられなくなった背景には〝核家族〟社会があることもすでに述べたとおりである。

図5−2　終身建物賃貸借事業の認可実績（戸数）の推移

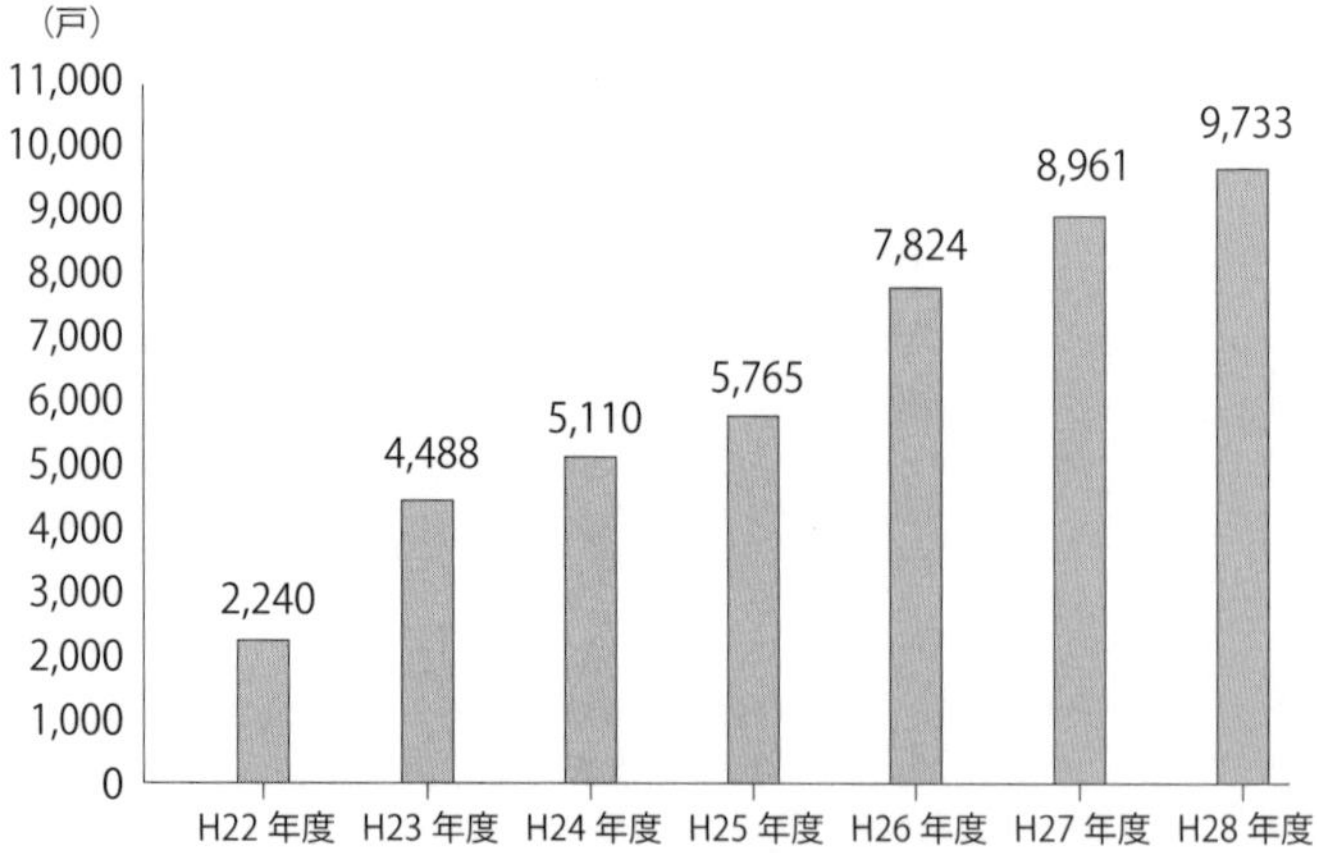


## 家主に厳しい法的背景

家主が高齢者の入居を拒否する法的背景も深刻である。家賃滞納、引きこもりを続ける相手に対する最後の手段は訴訟を起こし、裁判所の明け渡し判決を勝ち取ることだが、現実は強制執行を申し立てても、身寄りも行き場もない高齢者を追い出すわけにはいかないので、執行官は次の転居先が見つかるまで執行を中断する。つまり、法的解決の道はそこで閉ざされる。

このように家主のほうが窮地に追い込まれるケースが今後の高齢社会では

続出しかねない。せめて、家主側の負担を軽くするため、借家権が相続されない終身借家権の利用条件を緩和、若しくは撤廃し、普及させる手立てこそ喫緊の課題である。

終身借家権は高齢者の単身または夫婦世帯などが終身にわたり安心して賃貸住宅に居住できる仕組みとして2001年に創設された。賃貸人（家主）が知事の許可を受けた場合に、借家人が生きている限り存続し、死亡したときに終了する（相続されない）借家権となる。しかし、創設から15年経った2016（平成28）年度末時点の認可実績は1万戸弱とほとんど利用されていない（図5―2参照）。そこで、2018年9月に建物の条件緩和や手続簡素化などの改正が行われたが、その後も認可実績はあまり伸びていない。

第6章

# 幸福は生きること、そのこと

# 自分らしくいられる場所

この世の中には大きな幸福というものはない。なぜなら、幸福は量的なものではないからだ。お金をたくさん持っているとか、大きな事業に成功したとか、そういう類のものではない。したがって、小さな幸福というものもないわけだが、あえて言えば幸福とは、「自分らしく」生きること、そのなかにある喜びのようなものではないか。幸福は人が人のためにつくったり、与えたりするものではない。自らがその感性で日常の中に感じ取るものである。

たとえば、筆者の場合は自分がヒト科の一固体として、この世に存在していることに気づくだけで十分に幸福を感じることができる。そして、あえて個体差を意識する。人は人と違うからこそ価値があり、人生を楽しむことができる。自分らしく生きることの中にこそ幸福はある。

そして、人が最も自分らしくいられる場所はどこかといえば、それが家である。

しかし、日本の男性は多くが「仕事が最も大事」という価値観のもと、家という居場所の大切さをそのようにはとらえてはこなかった。むしろ、自分らしさは仕事で発揮すべきものと考えてきた。

しかし、果たしてそうだろうか。サラリーマンであれば誰もが実感していると思うが、大企業であればあるほど、仮に自分が病気か事故で亡くなっても、会社が倒産することなどあり得ない。もちろん、「たとえ組織の歯車の一つだとしても、その立場で自分らしく働くことはできる」という反論はありうるだろう。ただ、そこでいう自分らしさとは、あくまでも一企業の社員という前提に立ってのものである。その証拠に、初めて会う取引相手に社名の入った名刺を渡さない人はいないだろう。

外で仕事をしているかぎり、離れることのない肩書きをはずし、仮面をはずし、素の自分に戻れるのが家である。もちろん家のなかにも最小単位の社会があるから、そこにも父親（母親）、夫（妻）という肩書きはある。しかし、外での肩書きと違うのは組織での歯車のように、とっかえができないことである。取り替えることができない役割がある家庭をないがしろにして、いくらでも自分の替わりが利く職場である会社を優先している日本の男性はどこかおかしい。

## 〝会社型人間〟はいなくなるか

もっとも、今の30代以下ぐらいの層になると、そうした〝会社型人間〟は姿を消しつつあるというから、ようやく日本の男性の価値観も正常化してきているということか。ただ、戦後の高度成長時代以来、いや、もしかしたら明治維新にまでさかのぼるかもしれない、家庭よりも職場を大事にする日本の男性の働き方の原型がそう簡単に変わるとも思えない。日本の男性は哀しいまでに、一本気過ぎるのである。その点は女性のほうがよほど価値観のバランスが取れていると思う。

その意味で、働く女性が増えることは賛成である。男ばかりの職場だからこそ、職場の価値観が一色に染まり、そのおろかさに気づくことができない。外で働くことだけでなく、子育ての重要さと楽しさ、家で家族と会話することが人生においてどれほど大切さかをわかっている女性が企業の中にいることは、アンバランスな日本の男性社会を変えていく力になると思えるからである。

我が国の不動産業界にも賃貸部門を中心に働く女性は多い。しかし、業界の文化を変える立場にある経営者や管理職、業界団体トップなどのポストに占める女性の数はまだまだ少ない。日本の不動産業界が〝男の職場〟というイメージを払拭し、特に住宅分野においては生活に密着した産業だけに女性こそが活躍すべき職場というイメージが定着したら、我が国の不動産業界が大きく変わる力になると思うがどうだろうか。

## 女性が不動産業界で活躍する意義

第4章で紹介した「不動産女性塾」（北澤艶子塾長）の第1回交流会が開かれたのは2016年11月11日。同塾の設立メンバーは北澤艶子氏（北澤商事会長）、野老（ところ）真理子氏（大里綜合管理社長）、武藤正子氏（すまいる情報光が丘社長）、曽根惠子氏（夢相続社長）の4人。いずれも業歴30年以上の女性経営者だ。第1回交流会には不動産業界で働く約20人の女性が参加した。冒頭、北澤塾長があいさつし、女性塾の設立趣旨について、こう語った。

「不動産業界は女性が輝いて仕事をするのに最もふさわしい世界です。そして女性が活躍すればするほど、この業界のイメージが変わります。私は、将来若い女性の多くが競ってこの業界に入ってくるようになると信じています。そうした次世代の女性たちが明るく元気で働ける不動産業界にするために、先輩である私たちが今こそいい仕事をして、その存在感を示していきましょう。私は、そうした進むべき道、目標を与えてもらったことに感謝しています」

不動産業界には最近、さまざまな勉強会や研究会などがつくられている。人口減少、超高齢化などの大変革を迎えつつある今、中小業者が難局を乗り越えていくためには、人と人との交流、ネットワークによる活力が欠かせなくなっているからであろう。ただ、この日初の交流会を開き、活動をスタートさせた「不動産女性塾」からは、従来型の（そして、やはり男性中心の）組織とは、やや異なる力強さが感じられた。それは、利に走るのではなく、利を急ぐのでもなく、〝業界を変える〟という大きな目標に向かって、畑に種を蒔き、じっくりとその収穫を待つような粘り強い意志である。

北澤塾長は言う。「男性はどうしても、狩猟型ですから」（笑）。そして、こう続ける。「それはそれで、いいことです。男性と女性が助け合って生きていくのがこの世の中ですから」

問題は、どちらか一方に片寄ってしまうことだろう。男と女に限らず、この世の中はすべて相反する性質のものから成り立っている。昼と夜、天と地、静と動。さらに言うなら文明と自然。それらのせめぎ合い、移ろいのなかで慎重にバランスをとり、折り合いをつけて生きているのが人間である。

もしかしたら、今日本が少子高齢化、人口減少という問題に直面しているのも、経済的・物質的豊かさだけを追い求めてきたその偏重さゆえの結果ではないだろうか。その証拠に、今でさえ、少子化や人口減少を経済成長の阻害要因になるという視点からのみ問題視している。少子化で第一に恐れるべきことは、子どもたちの心の問題である。

子どもは両親と多くの兄弟、そして親類など多様な人間と接し、多様な刺激を受けることで豊かな心を育てていくことができる。ひとりっ子が両親や祖父母の愛情を一身に受けて育つことは必ずしもいいことではないように思う。

ひとりっ子同士が結婚すると、その子どもには叔父も叔母もいないことになる。

もちろん、少子高齢化は医療、介護、税制など日本の社会基盤そのものを崩壊させかねない深刻な問題でもある。２０４０年には20～64歳の現役世代10人が7人の高齢者を支えなければならなくなる。仮に年金の支給開始年齢を75歳とし、74歳までを現役世代としても、現役世代（20～74歳）の高齢者負担割合は

「不動産女性塾」の活動は不動産業界だけでなく、マスコミでも注目されている。前列中央が北澤艶子塾長(写真は不動産女性塾ホームページより)

2040年には3人で1人となり、決して楽ではない。今後、日本は75歳以上が急増するからである。

おそらく、日本経済は新たな成長戦略を一つや二つ見つけるぐらいでは、とてもこれからの超高齢社会を乗り切ることはできないだろう。ではどうするのか。厚生労働省が進める地域包括ケアの基礎概念である「自助・互助・共助・公助」を総動員するしかない。そういう大局観のもとに、これからの不動産業を構築する必要があるのではないか。ちなみに、自助は自ら助けること、互助は近所の住民同士、あるいはボランティアの力を借りること、共助は介護や医療などの社会保険、公助は税金に頼ることである。

つまり、これからの日本社会を成り立たせるものは、人が互いに助け合って生きていくことの喜びを共有し合う価値観である。さらに言えば、普通の人が普通の人生を送っていくことを敬う心の豊かさである。これを簡潔に言うなら、時代は今、かつて日本社会の隅々に満ちていた〝母性〟を求めている。

## 〝幸せ〟は気づきにくい

失ってみて初めてその大切さがわかるものの代表は〝健康〟だが、実は幸せもその一つだ。〝幸せ〟ほど、それに気づきにくいものはない。なぜなら、人にとっての幸せというものは、日常のほんの些細なことのなかにあるものだからである。

積水ハウスは企業としては初めて、住まいにおける幸せとはなにかについて研究を始めた（第2章参照）。その「住生活研究所」が〝人生100年時代〟を踏まえて設立されたことは重要なポイントである。なぜなら、これからの住まいが提供すべき幸せには、時の経過とともに増していく充足感が伴っていなければならないと指摘しているからである。つまり、「住めば住むほど幸せになる住まい」である。

では、そのような住まいはどうしたら実現するのだろうか？　それは一つには、「住めば住むほど愛着が増す」ようにすることだと思う。では、愛着とはなにか。それは身近なものから心が離れがたくなることである。では、心とはなにか。それは、未だに大きな謎である。ゆえに、〝幸せ〟の追求には〝心〟の研究が欠かせない。

その〝心の謎〟を解くカギこそ、実は身近な住まいのなかにある。心がやすらぎ、静かに澄んでいくような空間を住まいのなかに設けることができれば（もしかしたら、それは住まい全体がかもし出す〝風情〟のようなものかもしれないが）、住む人は毎日の生活を通して自分の心と対話することができるからである。

日本人は戦後、「住まいとはなにか」を深く考える機会をなくしたが、我々は今こそ、心と住まいとの関係に強い関心を抱かなければならない。高度経済成長を終えた日本は、これからは心豊かな社会をめざすべきといわれているのに、その肝心の心とはなにか、心が育つとはどういうことなのか、その神秘さに思いを寄せることもなく生きていては、社会に閉塞感が増すばかりである。

100歳は人間に与えられた自然な寿命といわれている。にもかかわらず、平均寿命がそこに至っていないのは、現代人の多くが己の身にとって間違った生き方をしているからである。それは、〝欲望のまま〟に生き、己を見つめる静かな心を忘れたまま生きているがゆえに、人間社会の狭間でストレス（精神的鬱屈）を溜め込み、病を得てしまう人が多いということではないか。

人間に与えられた100歳という寿命はもちろん、〝健康寿命〟のことである。ひとは長く生きることが目的ではなく、どう生きて、どう死んでいくかが問われている。この地球上に生きている動物のなかで、おそらく人間だけがそのような問題意識をもって生きている。それもひとの心のなかにある情念がなす不思議な作用のひとつである。

人が最期の瞬間まで健康で明瞭な意識を持ち続けるためには、心が澄んでいく住宅で暮らすことが大切なのではないか。つまり、住まいとは住む人の〝心の澄み処（すみどころ）〟となるべき場所である。

## 木の家は日本文化と健康の源

〝衣食住〟という言葉があり、和装（和服）、和食という言葉があるのに、「和住」という言葉が見当たらないのはなぜか。七五三の祝いには男の子も女の子も着物を着せることが多いし、成人式会場では女性の晴れやかな振袖姿が当たり前になっている。和食に至っては、今や世界的ブームにもなっている。それなのに、なぜ住まいは日本の文化として残り得なかったのか。本来であれば、最も基本的な生活様式である住まいにこそ、日本の伝統が残っていてもおかしくはないのだが……。

日本の居住形態が大きく変わったのは〝戦後〟である。戦後といえば生活様式どころか、政治体制（国家観）をはじめ、家族や個人に関する思想、道徳観、生きるうえでの諸々の価値観など日本人の寄って立つ根底が様変わりした。だからこそ、生活様式の基本である住まいが物の見事に変貌を遂げたともいえるのではないか。さて、戦後一貫して和の色彩が薄れる一方だった日本の住宅だが、ここにきて〝木造ブーム〟が巻き起こり、なにやら新たな胎動を感じるのである。

## 〝木の家ブーム〟の背景

昨今の〝木の家ブーム〟の背景にあるのは、新しさよりも古いものにこそ価値を見いだそうとする新たな考え方の登場ではないか。というのも、住宅の場合、新しいということに価値をおいてしまうと価値は新築時が最高で、あとは経年とともに減少していく。逆に、古くなった住宅にこそ価値があると考えれば新築時は最低だが、経年とともにその価値が増していく。果たして、住む人にとって精神衛生上どちらの尺度が住宅としてふさわしいのか。答えは明らかであろう。

木の家は古来、日本文化の象徴であり、安らぎと郷愁を感じさせる
（写真提供は「木のいえ一番振興協会」）

そこで、経年とともに見た目のふう合いが美しく変化していく希少な素材としての〝木〟に改めて今、注目が集まっているのではないか。「木」は言うまでもなく日本の伝統的建築部材で、今でも新築住宅の6割弱が木造工法なのだが、木の家が文化的に積極的に支持され、それによってシェアを確保しているという印象はない。まして、これまでに建て替えられた木造住宅の平均築年数は約30年という短さである。

その理由は、戦後建てられた木造住宅の多くは、経年と共にふう合いが増す木の魅力を全面的に打ち出した工法とはなっていないからである。

日本の伝統的木造住宅の魅力は、外観にしても内装にしても木の木目を生かした現わし使用で、経年とともにその美しさや味わいを増す工法が採用されてきた。そうした〝時間軸〟が住宅に取り入れられるに欠かせない素材が「無垢材」である。無垢材は伐採後も生き続けるからである。木はその種類にもよるが、樹齢数百年のヒノキは伐採後1000年以上生き続けるといわれている。

〝木の家〟に対する関心が高まっているもう一つの要因は、〝健康志向〟だと思う。木の匂い成分であるフィトンチッドには悪臭を消す脱臭効果、防カビ、防ダニ効果などがあるので、健康という観点からは理想的な住まいとなる。このため、最近は鉄筋コンクリート造りのマンションでも、室内の内装に無垢材を活用するケースが徐々に増えている。

また、木の香りは気持ちをリラックスさせてくれるから、不眠症を解消し、起きているときには脳の集中力を高めてくれるという利点もある。人間の五感のなかでは嗅覚が最も速く脳に伝達される。その速さと関係しているのかどうかはわからないが、わずかな香りを嗅いだだけで、遠い昔の子どものころの記憶がよみがえることがある。それぐらい、香りが脳に与える刺激は強い。そのため、木の家に住むことは認知症予防になるという説もある。

こうした健康志向は単に体の健康にとどまらず、心や精神の健全性にも向かうだろう。なぜなら、心と体は一体で、心の安定こそが健康の源であることは今や常識と言ってもいい。人間が古い建物に魅力を感じるのは、それが〝自然のふう合い〟に近づいていくときである。建物という物質が、長い年月を経てあたかも自然のなかにひそむ有機体のように変化していく美しさに感動するからである。なぜなら、人間もまた自然の一部だからである。

木の家に住む人が、そうした悠久の時間を我が家に感じた時、はじめて家というものに大きな安らぎを覚えるのではないか。木の家ブームがそこに達した時、日本の住文化が復活の産声を上げるような気がする。

# 第7章

# 幸福論で考える終の棲家

## ～住む人の、住む人による、住む人のための住まい～

## 「モノ」から「コト」へ

21世紀に入ると、「モノからコトへ」ということが言われ始めた。モノを所有することよりも、なにかをするコトに楽しみを見いだすという方向に人々の意識が変わり始めた。最近のテレビ番組を見ても、「散歩」や「旅」番組が多いし、「おいしいものを食べる」シーンは、まさに食傷気味でさえある。「田舎暮らし」を紹介する番組も多い。

なにかをすることをたたえ合う〝コト文化〟は、SNSの「いいね!」文化にも通ずる。現代の若者が何かを所有することよりも、仲間との〝共感〟に価値を見いだそうとするのは、モノや情報があふれ、多様な価値観に自分が埋没しかねない時代に生まれてきているからだろうか。日本人もようやく物資的豊かさ以外のなにかを探し始めたようだが、それがなにかは、まだつかみきれていない。

しかし、若者にはまだ十分な時間がある。深刻なのはリタイア後に「モノ」にこだわるよりも、なにかをする「コト」のほうが楽しいと気づき始めた高齢者で

都会から離れる「田舎暮らし」や「旅」を扱うTV番組が多いのも、「モノからコトへ」という時代の象徴か

ある。「人生100年時代」とはいえ、今から人生をやり直す時間はない。だからといって、病気にならないことだけを唯一の目的に生きていくのはむなしすぎるだろう。

## 住む人による、住む人のための住まい

では人生の最終章（直線コース）にふさわしい、生きがい、楽しみ方とはなんだろうか。人には自分が望ましいと思う生き方がある。だから、それにふさわしい終わり方もある。ふさわしい終わり方を象徴するのが終の棲家（ついのすみか）ではないか。考えてみれば、人は生まれてくる家は選べないし、子どもの間は親が選んだ家に住む。そして独立してから住む家にしてもなんらかの縁や柵（しがらみ）で選ぶのが普通である。まったくの白紙から純粋な思考と趣味で住む場所や家を決めるという経験は普通の人にはない。

だからこそ、自分にふさわしい「終の棲家」を実現することが人生最高の楽しみといえないだろうか。30代、40代で持つ家は自分のためというより家族のためだ。子育てを終え、社会人としてもそれなりの務めを果たし、あらゆる束縛から解放されたときに、住んでみたいと思う家こそ、本当に自分らしく生きるための舞台となるのだと思う。

個性的なデザインが「終の棲家」にはふさわしい

## そもそも、なぜ家を持つのか

誰もが幸福になろうとして家を買う。ならば、幸福だけでなく、家とはなにかも考えなければならない。そして、家（住まい）の本質を本気で見極めようとするなら、住まい以前にそもそも「人間とはなにか」を知らなければならない。人間とはなにかを知らなければ、本当に生きているとはいえないからだ。そして、本当に生きるということがなければ、住まいの大切さに気づくこともないだろう。

人間とはなにか。読んで字のごとく、人と人との間でしか生きられないのが人間である。特に農耕民族を源流とする日本人は昔から〝村社会〟のなかで生きてきた。江戸時代以降は、〝村八分（むらはちぶ）〟という制裁も生まれ、村社会でのしがらみがいっそう強固になった。しがらみのなかでしか生きられない人間の悩みは、つまるところ対人関係の悩みである。だとすれば、人間の幸福とはなんなのか。

「幸福は幸福になろうという強い意志をもたなければ決して手に入らない」と、

フランスの哲学者アランは言う。強い意志をもつということは、主体的に生きるということだ。そして、現代人が主体性をもって選択することができる唯一の環境が家である。なぜなら、都市空間を構成するあらゆる人工物（道路、公園、建物、乗り物など）はすべて、自分の知らない他人がなんらかの意図を持って造った造作物である。だから都会での生活は息苦しい。都会で生活する現代人にとっては、わずかに〝家〟だけが自らの意図と感性で選択することができる環境となる。

## 住まいは心を守る器

自分らしい住まいを求めることが流行している理由は、我が家だけが自分の意図と感性を生かした場所にすることができるからである。せめて家だけは他人ではなく〝自分の意図〟が織り成す空間にすることによって、息苦しかった昼間の自分を解放したいのである。さらにいえば、最初から100％完成してしまった家ではなく、住みながら手を入れ、棚をつくり、壁を塗るなど住むほどに個性を加えていくことができる住まいであればなおのこと望ましい。

現代社会において、家がそのような役割をもっていることについて、住宅業界とユーザーが共通認識をもつ必要がある。古代にあって家は人間の身体を外界から守る器だったが、現代社会にあって家は人の〝心〟を守るべき器となっているからだ。

私は思う。社会の一員として人が人として生きている基盤は、本当はとても漠とした曖昧なものではないのか。道徳や法律など社会生活上のルールにしても本当をいえば誰と取り交わした約束でもなく、誰と誓い合った秘め事でもない。畢竟、それは一人ひとりが自分だけの意志で自己の中に保ち続けている、ある種の決めごとのようなものだ。それも、明確な言葉として表現されているわけではなく、ときにはただの気分のようなあやふやなものである。ただ、それがある種の気分である以上、目には見えないが確かに存在していて、常に自分を律していることも確かである。人はそうした意識のなかでしか生きられないし、それでもなお、しなやかに生きていくしかないのだと覚悟しなければならない。それこそが、アランの言う「意志による楽観主義」というものだろう。

## 意志による楽観主義と選択

だとすれば、「意志的楽観主義」がなければ手に入らない幸福とはなにか。人は誰でも幸福を求めている。そして、そのための具体的手段として〝家〟を持とうとする人が多い。それはなぜなのかを解き明かすのが本章の目的である。

アランの言葉が現代人の感性を快く刺激するのは、彼が人間の心の内を深く洞察し、それをわかりやすい言葉で、かつ辛辣に表現しているからだろう。最も有名な言葉は「悲観主義は気分によるもの、楽観主義は意志によるもの」だと思うが、この言葉には、後段があってさらにこう続く。

「本当を言えば上機嫌など存在しない。気分というのは正確に言えばいつも悪いものなのだ。だから、幸福とはすべて意志と自己克服とによるものである」

なんと簡潔で、強い意志に満ちた言葉だろうか。幸福は、幸福になりたいという強い意志をもたなければ、決して手に入らないと断言する。アランの幸福に関するこうした言葉は、情報が洪水のごとく流れ、自分を見失いがちな現代社会にあればこそ、我々に主体性をもって生きることの大切さ、明確な〝自分像〟をもつことの重要性を伝えてくれているのだと思う。

一方、オーストリアの心理学者アドラーはこう言う。「人は誰でも、今この瞬間から幸せになれる」と。そして、幸せでない者は、「幸せになるための選択」をしていないのだと。ここがポイントである。家を持つことも人生における大事な選択となる。だからこそ、家とはなにか、住むとはどういうことかを深く知らずして家を持っても幸せにはなれない。

## ホームステージングの〝妙〟

近年、「ホームステージング」という販売手法が注目を集めている。中古住宅の販売に際し、単に〝リフォーム済み〟とうたうだけでなく、カーテンやテーブル、ソファなどを使って〝暮らしの風景〟を演出してみせる手法をいう。野村不動産アーバンネットが米国から導入して以来、瞬く間に日本でも広まった。

住宅の販売システムではなにかにつけて米国の後塵を拝している日本だが、こんなところでも遅れをとってしまうというのはどういうことなのだろうか。新築マンションがモデルルームをきらびやかに飾りつけ顧客のマイホーム熱をゆさぶるのとは対照的に、〝冷たい販売〟手法が中古住宅市場の従来の慣習だった。ホームステージングの隆盛は、新築か中古にかかわらず「家はその先にある暮らしを実現するためのもの」という意識が事業者側にもユーザー側にもようやく芽生えてきたということだろうか。だとしたら、日本はこれまで〝住文化後進国〟であったことを認めざるを得ない。新築住宅のモデルルームを除けばだが……。

これからの不動産業を占う大事な潮流の一つが「ハードよりもソフト」だが、このホームステージングもそうした流れに乗ったものであることは明らかだろう。これからの住宅は、あるいはオフィスも商店街もハードで差別化する時代は終わった。空間に対する人々の関心は、設備でも機能でもなく、ときには利便性でさえもなく、自分の感性にどう響くかである。

それにしても、ホームステージングは新築のモデルルームのようにすべてを着飾っているわけではない。予算に応じ限られた範囲（道具）で〝暮らしの風景〟を演出しているに過ぎない。それでも、予想外の効果を発揮するのはなぜだろうか。実は古い部屋のすべてを着飾ってしまわないところに、ホームステージングの妙がある。

ホームステージングが施された部屋を見た人が、残された部分やスペースには自分の感性で手を加えていく夢を描けるからということではないか。プロの手によるホームステージングは、そうしたユーザー側の創造力を刺激するためのものなのである。

## 終の棲家を夢の棲家に

ホームステージングの成功は、現代の日本人が「幸福は日常の暮らしのなかにある」ということに気づき始めた証（あかし）ということもできる。それまで、人々は幸福な人生とは「いい大学を出て、一流の会社に入って、高い収入を得ること」と考えていたとしよう。しかし、それはよく考えてみると、「いい大学を出て、一流の会社に入って、高い収入を得ること」ができなかった人たちに比べての優越感に過ぎない。そんなものが、自分の人生といえるのだろうか。自分が自分の人生を生きているというためには、他者と比較することではない別種の価値観がなければならない。幸福になるための手立てはもっと〝内なるもの〟ではないのか。境遇や対人関係に煩わされない自立したなにか。それを見つける機会が日常の暮らしのなかにあることに、忙しかった日本人もようやく気づき始めたのだと思う。

人生といっても、それは一瞬一瞬の〝今〟でしかない。ということは、自分の幸福を見つけるための「終の棲家」づくりに遅いも早いもない。一瞬一瞬の今を生きながら、幸福になるための自立した「内なるなにか」を見つけようとする意識があれば、その人はすでに〝幸福になるための選択〟をしたことになる。終の棲家を夢の棲家にするための静かな決意である。

# あとがき

本書は「住まい」という言葉にこだわってきました。というのも、人は「住まい」を通して社会とつながっているからです。住宅着工、住宅建設という言葉があるように、「住宅」は主にハード面を意味する言葉です。モノとしての住宅がなんのためにあるのかといえば、それは人の暮らしに潤いを与え、生活を楽しむためにあるのです。住まいは、人が社会の一員としてあるための基盤となっているのです。

人の一日は住まいから始まります。夢から目覚め、現実を意識し、家事に取りかかり、仕事に出かける。仕事や会合が終われば当然のように家に帰ります。帰ることが一日の終わりを意味しています。日本人は「家に帰る」という言い方をします。住宅に帰るとは言わないし、住まいに帰るとも言いません。

「我が家」という言い方にも興味深いものがあります。なぜ、家なのでしょうか。戦後の民法改正で家督制度がなくなったとはいえ、何百年と続いてきた「家制度」への郷愁はそう簡単には消え去らないということでしょうか。日本人にとって家という箍（たが）はもしかしたら郷愁というよりも一個の人間として立っための縁（よすが）だったのではないでしょうか。キリスト教やイスラム教を信仰する人たちにとってはそれぞれの神がそうであるように。

もう一つ、注意すべき言葉があります。住まいと同じニュアンスをもつ「家庭」という言葉です。なぜ、庭が付いているのでしょうか。それはひと昔前までは日本人にとって自然（庭）は生活の一部であり、生活を支えていた住まいが自然と切り離されて存在することなど考えられなかったからでしょう。

このように見てくると、家制度が消えたことで心の箍を失い、庭が少なくなっていく都会の住まいで暮らす日本人はなんとも頼りない存在に思えてきます。と同時に、今こそ日本にとっての住まいのあり方を見直し、人と社会の関係を築きなおすことが急務であることもわかってくるのではないでしょうか。

●著者紹介

**本多信博（ほんだ・のぶひろ）**

住宅評論家・不動産専門紙住宅新報顧問。長崎県出身。早稲田大学商学部卒。住宅新報記者、同編集長、同論説主幹などを歴任。その間、30年以上にわたって住宅・不動産業界を取材。2018（平成30）年7月に住宅評論家として独立。

**住まい悠久～"人生100年時代"に捧ぐ～**

2020年6月11日　初版発行

著　者　本　多　信　博
発行人　今　井　修
印　刷　株式会社日本制作センター
発行所　プラチナ出版株式会社
〒160-0022　東京都中央区銀座1丁目13-1
ヒューリック銀座一丁目ビル7F
TEL 03-3561-0200　FAX03-3562-8821
http://www.platinum-pub.co.jp
郵便振替　00170-6-767711（プラチナ出版株式会社）


ISBN978-4-909357-64-9